Vorwort

Liebe Leser,

mein Name ist Wolfgang Pade und Reisen ist meine große Leidenschaft, bereits mit vierzehn Jahren reiste ich, mit gleichaltrigen Freunden, allein durch Europa, mit sechzehn waren alle Länder Europas und Nordafrikas mehrfach besucht.

Egal ob mit dem Zug, Bus, Auto, Motorrad, Flugzeug, Schiff, Segelboot oder Kreuzfahrtschiff, ich wollte hinaus in die Welt, um mir diese anzuschauen, es spielte für mich keine Rolle ob ich im Zelt, einem fünf Sterne Hotel oder auf einem Segelboot, bzw. Kreuzfahrtschiff nächtigte.

Erleben wie es wo anders auf der Welt zu geht, Landschaften bestaunen, Tiere beobachten und Menschen kennenlernen, sowie deren Gebräuche, Kulturen und Lebensart zu erkunden. Das faszinierte mich schon mein ganzes Leben lang, das war meine Motivation, mein Antrieb, so bereiste ich inzwischen alle Kontinente, viele ferne Länder, mit fremdartigen Kulturen, gänzlich anderen Glaubensrichtungen, anderen Lebenseinstellungen, so wie auch mit deutlich unterschiedlichen, aber interessanten Essgewohnheiten.

Inzwischen bin ich etwas älter geworden und arbeite als Ingenieur und Manager in einem großen Konzern. Seit dem siebenundzwanzigsten Lebensjahr bin ich mit meiner Frau Silvia verheiratet, gemeinsam haben wir zwei Söhne.

Dieses Buch berichtet über eine Kreuzfahrt von Hamburg über Schottland, Island und Norwegen auf dem Schiff Aida Sol.

Für diese Reise fahren wir mit dem Auto von Illingen in Württemberg, mit einer Übernachtung, nach Hamburg. Dort parken wir unser Auto auf einem zuvor gebuchten Parkplatz. Von hier laufen wir zu Fuß zum Kreuzfahrtschiff der Aida Sol, die im Hafen Hamburg im Cruise Center Altona liegt. So kommen wir relativ entspannt zum Liegeplatz des Schiffes und können direkt einchecken, um die spannende Reise in die nordischen Länder anzutreten. Von Hamburg aus startet nun unsere fünfzehntägige Kreuzfahrt zu den typisch grünen und wunderschönen Orkneyinseln, sowie der Isle of Lewis, die im historischen Schottland liegen. Nach einem weiteren Seetag legt unser Kreuzfahrtschiff im Hafen von Reykjavik, der Hauptstadt von Island an. In der modernen und dennoch historischen Hauptstadt bleiben wir sogar zwei Tage und können dadurch viel von dieser schönen Stadt besichtigen. Wir umrunden mit der Aida Sol Island und legen in den Häfen von Eisfjorde/Ísafjörður, Akureyri und Seyðisfjörður an, um u.a. die fantastische landschaftliche Schönheit dieser einzigartigen und ganz besonderen Insel zu erkunden. Anschließend können wir uns auf einem entspannten Seetag nach Norwegen von den ereignisreichen und schönen Eindrücken der letzten Tage ordnen und gedanklich alles in Ruhe Revue passieren lassen. In Norwegen fahren wir durch die gewaltigen Fjorde bis zur Hafenstadt Stavanger und besuchen u.a. die wunderschöne historische Altstadt des Ortes. Anschließend steuern wir durch den naturgewaltigen und sehr beeindruckenden Eidfjord, an dessen langem Ende ein sehr schöner kleiner Ort liegt. Danach fahren wir zurück nach Hamburg und letztendlich wieder heim.

Im Reisebericht sind 9 Farbseiten mit Fotos dieser Kreuzfahrt.

Wolfgang Hans Werner Pade

Kreuzfahrt
Schottland - Island - Norwegen

Reiseverlauf

Hamburg	Deutschland
Seetag	
Kirkwall	Orkney, Schottland
Stornoway	Isle of Lewis, Schottland
Seetag	
Reykjavik	Island
Reykjavik	Island
Eisfjorde/Ísafjörður	Island
Akureyri	Island
Seyðisfjörður	Island
Seetag	
Stavanger	Norwegen
Eidfjord	Hardangerfjord, Norwegen
Seetag	
Hamburg	Deutschland

Autor: Wolfgang Hans Werner Pade

Bibliografische Information der Deutschen Nationalbibliothek:
Die Deutsche Nationalbibliothek verzeichnet diese Publikation
in der Deutschen Nationalbibliografie; detaillierte bibliografische
Daten sind im Internet über http://dnb.dnb.de abrufbar.

Kreuzfahrt

Schottland - Island - Norwegen

Verlag: BoD · Books on Demand GmbH,
In de Tarpen 42, 22848 Norderstedt, bod@bod.de
Druck: Libri Plureos GmbH, Friedensallee 273,
22763 Hamburg
ISBN: 978-3-7693-5263-4

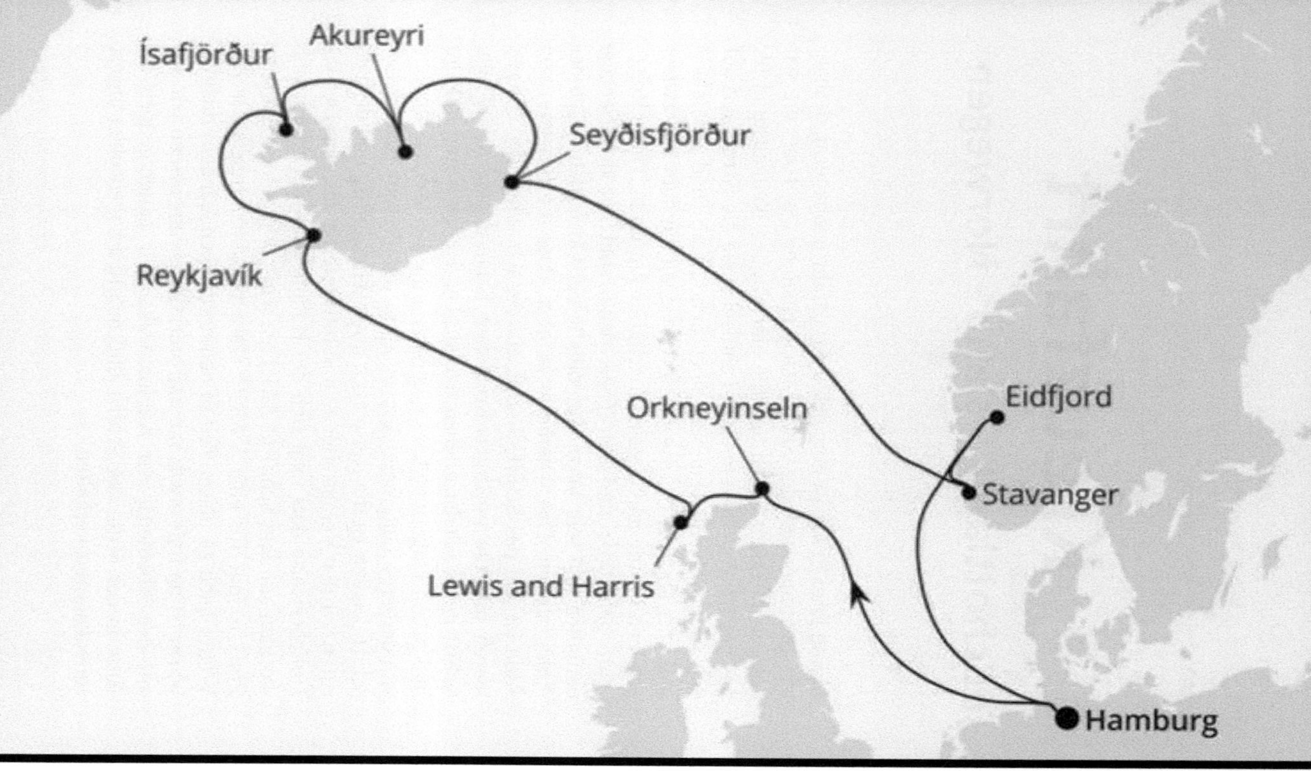

Ísafjörður
Akureyri
Seyðisfjörður
Reykjavík
Orkneyinseln
Eidfjord
Stavanger
Lewis and Harris
Hamburg

Kreuzfahrt
Schottland - Island - Norwegen

Meine Frau Silvia ist eine echte Kreuzfahrtliebhaberin, deshalb ist sie immer auf der Suche nach einer neuen Tour, die wir noch nicht erlebt haben und die einen hohen Neuheitsgrad für uns besitzt. Aus diesem Grund entdeckte sie die Kreuzfahrt auf der Aida Sol von Hamburg über Schottland, rund um Island und quer über die Nordsee nach Norwegen mit dem Ziel zweier schönen Fjorde und dessen Ortschaften am Ende. Diese Reiseroute geht über fünfzehn Tage, dabei sind nur drei Seetage enthalten und sehr lange Aufenthalte vor Ort in den Häfen der Anlegestellen. Das Allerbeste ist aber, dass die Reederei von Aida ist und das Schiff die Sol, auf der wir schon des Öfteren waren und die positiv gewonnenen Erfahrungen auf diesem Schiff gerne wieder erleben wollen. Die Kabinen sind modern und schön eingerichtet, es gibt viele tolle Restaurants und ein wunderbares Unterhaltungsprogramm auf diesem Kreuzfahrtschiff. Zudem ist die Reise auch noch sehr günstig und deshalb rufen wir den Veranstalter an und informieren uns über Details. Üblicherweise darf man sich die Kabine auswählen und weiß wo man auf dem Schiff übernachten wird, doch dieser günstige Preis ist nur für eine VARIO Garantiekabine Innen. Da das Wetter auch zu dieser Zeit in den nordischen Ländern nicht so warm ist und oft etwas rau und stürmisch, entscheiden wir uns auf das Abenteuer der Kabinenwahl. Wir hatten jedoch die Bitte in der Mitte des Schiffs und möglichst weit oben unsere Innenkabine zu erhalten.

Unsere Entscheidung dauerte nur ein paar Minuten und dann war alles im Kasten, die geeignete Route, als auch die passende Reederei war gefunden. Wir entschieden uns für Aida, auf Grund der sehr positiven Erfahrungen mit der Reederei und dessen Schiffen, zudem gefällt uns das Gesamtpaket mit den inkludierten Getränken zu den Mahlzeiten und dem Entfall einer zusätzlichen Servicegebühr.

Nachdem die gebuchte Reise über unser Reisebüro bezahlt war, kamen die korrekten Unterlagen von Aida, die wir alle selber ausdrucken mussten. Zudem war es erforderlich sich online über das Bordmanifest der Reederei seine persönlichen Daten einzugeben. Das vorgefertigte Formular war sehr einfach und ohne Probleme schnell auszufüllen, so wie zuvor die Online-unterlagen von der Reederei Aida. Auf dieser Reise ist es besonders wichtig den Reisepass mitzunehmen und registrieren zu lassen, denn wir sind mit Schottland außerhalb der EU und eine Einreise ist nur mit diesem Ausweis möglich.

Weil nun auf der Kreuzfahrt mit der Aida Sol alles fest gebucht und bezahlt ist, kümmern wir uns online um einen geeigneten Parkplatz am oder um den Liegeplatz der Aida Sol, die im Kreuzfahrtschiffhafen in Hamburg im Cruise Center Altona liegt. Das war nicht einfach, denn die Parkgebühren für 15 Tage in Hamburg liegen weit über 260 € und auch nach längerer Suche fand ich nur einen Parkplatz für über 150 € für unsere Zeitspanne im Juni. Damit wollte ich mich nicht zufriedengeben und suchte energisch weiter, bis ich einen Parkplatz nur 10 Minuten zu Fuß von der Anlegestelle unseres Schiffes entdecke, der nur 70 € kostet. Silvia war nicht wirklich einverstanden mit dem Parkplatz in der Stutenseestraße 31, der in St. Pauli liegt. Sie hatte Angst, dass unser Auto nachher geklaut wird oder ramponiert ist und wir nach der Kreuzfahrt nicht mehr nach Hause fahren können. Möchte aber vorab schon mitteilen, dass alles super geklappt hat und nichts beschädigt wurde.

Im nächsten Schritt suchen wir ein Zimmer für eine Nacht vor Hamburg, denn wir wollten das Risiko, dass das Kreuzfahrtschiff ohne uns um 18 Uhr ablegt und wir bis 14 Uhr das Einchecken verpassen einfach nicht riskieren. So buchen wir in der Pension „Im Rehwinkel" im Ort Woltem für 75 € ein Doppelzimmer mit Frühstück. Der Parkplatz steht dort auch kostenfrei zur Verfügung.

Weil wir sehr neugierig sind, schauen wir uns gemeinsam nochmals die genaue Route der Kreuzfahrt und den ganz exakten zeitlichen Tagesplan an, dadurch können wir uns besser entscheiden, welcher Landausflug an welchem Tag optimal ist. Natürlich sind die Geschmäcker und Interessen verschieden und so bleibt eine lebhafte Diskussion nicht aus. Aber am Ende werden wir uns unter Berücksichtigung aller Daten, Fakten und Wünsche einig. Weil wir erfahrene Kreuzfahrer sind, wissen wir natürlich, dass dies alles unter Vorbehalt ist, denn nicht selten kommt es vor, dass ein Hafen nicht angelaufen werden kann / darf, weil das Wetter oder die Behörden einen Strich durch die Rechnung machen. Dies ist immer dann besonders schade, wenn es ganz neue Ziele oder Anlegestellen betrifft.

Die Ausflüge auf dieser Kreuzfahrt diskutieren wir sehr ausgiebig und stimmen uns ab. Denn es gibt die Möglichkeit über die Reederei Aida jetzt schon Ausflugspakete zu buchen, die sogar etwas günstiger sind, als bei den Buchungen direkt auf dem Kreuzfahrtschiff vor Ort. Da wir schon sehr oft mit den Kreuzfahrtschiffen unterwegs waren, wissen wir, dass selbst geplante Ausflüge mit zwei oder mehr Personen deutlich günstiger sind als diese auf dem Schiff angebotenen werden. Zudem können solche halb- oder ganztags Touren komplett individuell zugeschnitten werden und Pausen oder Aufenthalte sind frei nach eigenem Belieben einzuteilen. Für behinderte Menschen, Alleinreisende, ängstliche Personen, oder Gäste die es sehr bequem haben wollen, ist es ratsam die Tagesausflüge über die Reederei vorab oder auf dem Kreuzfahrtschiff direkt zu buchen.

Letztendlich buchen wir nur das Ausflugspaket der Aida Sol im Hafen von Akureyri auf Island, der eine Busreise zu Gooafoss und Myvatn inklusive Erfrischungen verspricht. Die Nummer des Ausflugspaketes ist AKU01A und der Preis beträgt stolze 179 € pro Person. Das Social Media Flat Paket kaufen wir ebenfalls und dies kostet 56 € pro Handy. Alle anderen Ausflüge wollen wir vor Ort selber organisieren, zumal die Preise auf dieser nordischen Route recht teuer sind. Es ist ratsam möglichst schnell die Ausflüge zu buchen, weil diese ruckzuck ausgebucht sind und vorab ein Rabatt gewähr-leistet wird. Nur Ausflüge die absolut nicht gut laufen, werden einen Tag vor dem Termin auf dem Schiff mit 10 % Rabatt angeboten.

Ein paar Tage später erhalten wir unsere zugewiesene Innenkabine von Aida mit der Nummer 6305, diese liegt im vorderen Drittel des Schiffes auf der Steuerbordseite (rechts in Fahrtrichtung). Sie befindet sich auf Deck 6 und die Kabinen-nummer ist 305.

Route der Kreuzfahrt in Schottland - Island - Norwegen:

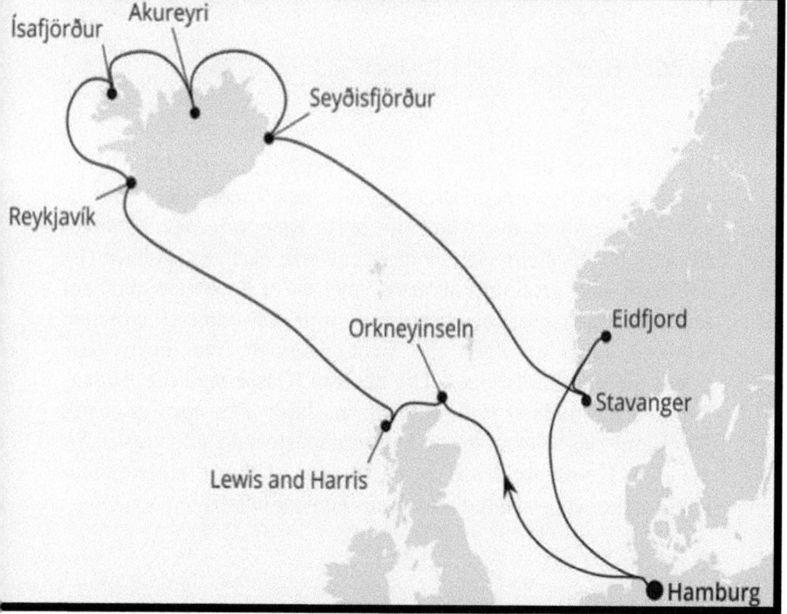

Exakter Tagesplan mit Datum und Uhrzeit:

Datum	Hafen	Insel / Land	Ankunft	Abfahrt
09.06	Hamburg	Deutschland		18:00
10.06	Seetag			
11.06	Kirkwall	Orkney, Schottland	10:00	20:00
12.06	Stornoway	Isle of Lewis, Schottland	07:00	17:00
13.06	Seetag			
14.06	Reykjavik	Island	14:00	
15.06	Reykjavik	Island		18:00
16.06	Eisfjorde	Ísafjörður, Island	08:00	18:00
17.06	Akureyri	Island	08:00	18:00
18.06	Seyðisfjörður	Island	09:00	18:00
19.06	Seetag			
20.06	Stavanger	Norwegen	13:00	21:00
21.06	Eidfjord	Hardangerfjord, Norwegen	07:30	19:30
22.06	Seetag			
23.06	Hamburg	Deutschland	07:00	

Die Wahl und die Lage der Kabine ist auf Kreuzfahrtschiffen immer ganz besonders wichtig. Wer den Luxus liebt und es sich leisten kann, der wählt die beste Kategorie der "Deluxe-Suite mit privatem Sonnendeck". Diese Art der Kabine ist natürlich sehr groß und luxuriös, aber dafür kostet sie auch am meisten. Dann gibt es weitere Suiten in den unterschiedlichen Klassen, danach folgen die Balkonkabinen, die einen ganz guten Standard aufweisen. Die nächste Klasse sind die Außen-kabinen, die keinen Balkon besitzen, dafür aber ein Fester mit Blick auf das Meer bieten. Die einfachste und günstigste Art auf dem Kreuzfahrtschiff zu nächtigen, ist die in einer Innen-kabine, die weder Balkon noch ein Fenster besitzt.

Die richtige Kabinenwahl nach Preis und Ausstattung ist die eine Seite, die andere ist die Lage der Kabine. Wer empfindlich bei Wellengang oder Seekrankheiten ist und auch bei etwas rauer See noch gut schlafen möchte, der sollte sich eine Kabine im Schwerpunkt des Schiffes aussuchen. Damit meine ich, sie sollte mittschiffs liegen, also nicht vorne oder hinten und in der Mitte der vielen Stockwerke auf den modernen und großen Kreuzfahrtschiffen. Übrigens heißt das bei Schiffen nicht vorne und hinten, sondern Bug und Heck. Die rechte Seite nennt der Seemann Steuerbord und die linke Schiffsseite Backbord. Wer sich trotzdem ganz Richtung Bug eine Kabine auswählt, der sollte bei Seegang damit rechnen, dass es ordentlich Auf- und Abwärtsbewegungen geben kann, ebenso sind manchmal Geräusche von der Brücke (Navigations- und Steuerzentrum des Schiffes), so wie das Aufschlagen der Wellen zu hören. Richtung Heck der Kreuzfahrtschiffe könnte es Motor-geräusche geben und ebenfalls bei Seegang höhere Schiffs-bewegungen. Direkt am Heck, also quer zur Fahrtrichtung liegen die Kabinen sehr schön, aber man sieht immer nur nach hinten und bei manchen Schiffen und entsprechender Windrichtung muss mit den Abgasen der Dieselmotoren aus den Schornsteinen des Schiffes gerechnet werden. Wer in das oberste Deck, so heißen die Stockwerke auf einem Schiff, seine Kabine bezieht, der muss im ungünstigsten Fall mit Pump-geräuschen des Pools oder gar Trittgeräusche durch die Passagiere auf den Sonnendecks rechnen. Ebenso ist zu beachten, dass Kabinen direkt neben den Aufzügen, den Küchen, den Klimaanlagen und Versorgungseinheiten, den Bars oder sonstigen Vergnügungseinrichtungen eventuell mit Geräuschen zu rechnen ist. Das hört sich jetzt alles ein wenig negativ an, aber auf den modernen und neueren Kreuzfahrt-schiffen wird bei der Konstruktion auf solche Details geachtet und man versucht diese zu eliminieren. Im allerschlimmsten Fall hilft in der Regel das Schiffspersonal gerne mit einer besseren Kabine aus, wenn dies möglich ist.

Ganz entscheidend ist auch die richtige Seite des Schiffes bei einer Kreuzfahrt zu wählen, dies fängt an mit der Sonnen- oder Schattenseite und endet mit der schönen Sicht auf die Inseln oder ggf. "nur" die Sicht auf das Meer, was viele bewusst wählen, um die Seele baumeln zu lassen und die Ruhe zu genießen.

Ein paar Tage vor der Abreise packen wir unsere Koffer. Weil es auf den Kreuzfahrtschiffen der Aida relaxed zugeht, können die Frauen ihre teuren Abendkleider für die Gala zu Hause lassen, das gilt auch für uns Herren, denn wir benötigen für diese Reise keinen Anzug oder die modernen italienischen Ausgehschuhe. Auf einer Nordlandkreuzfahrt ist es natürlich zudem sehr wichtig auch warme Kleidung, dicke Jacken Mützen und Schirme sowie Stirnbänder und Handschuhe einzupacken, denn es kann auch in den Sommermonaten im Norden empfindlich kalt sein. Der Reisepass darf auf keinen Fall vergessen werden und er muss mindestens noch sechs Monate vor Reiseantritt gültig sein. Natürlich kommt nicht nur der Reisepass in den Tagesrucksack, sondern auch die Krankenkarte, die Auslandskrankenversicherung, der Führerschein fürs Auto, die Visakarte, das Bargeld in Dollar und Euro, die Tabletten und weitere Medikamente, alle Reiseunterlagen, Kopien aller Pässe und Versicherungen, usw.. An die Reisekoffer werden die Kofferanhänger von Aida angebracht, damit das Gepäck vom Schiffspersonal vor die gebuchte Kabine abgestellt werden kann.

Um ganz entspannt mit dem Auto starten zu können, packen wir am Vortag der Abreise die Koffer in den Kofferraum und bereiten alles andere vor, wie z.B. die Eingabe der Pension und des Parkplatzes in das Navi, auf dem das Auto über zwei Wochen stehen muss.

Weil Silvia und ich vor lauter Reisefieber nicht richtig schlafen konnten, standen wir viel zu früh auf und bereiteten uns ein leckeres und sättigendes Frühstück zu, das eher schon an einen Brunch erinnerte. Denn ich bekam die restlichen Bratkartoffeln vom Vortag und machte mir im Mikrowellenherd die letzten Wiener Würstchen warm, danach noch ein gekochtes Ei und ein Schinkenbrot. Als Nachtisch gab es einen Apfel und eine

Banane, denn die mussten auch noch gegessen werden, weil sie in zwei Wochen nicht mehr sehr ansehnlich wären. Um auf keinen Fall bei der Autofahrt einzuschlafen, trank ich über einen halben Liter starken, koffeinhaltigen Kaffee. Nun war der Magen voll und der Körper zufrieden. Nach der erfrischenden Dusche und dem Toilettengang nahmen wir unsere Tagesrucksäcke, prüften im Haus nochmals alle Heizungsregler, Fenster, die elektrischen Sicherungen, den Herd und steckten den Stecker des Wasserkochers aus der Steckdose. Danach schlossen wir die Haustür von außen ab und starteten um fünf Uhr die Fahrt zur gebuchten Pension „Im Rehwinkel".

Die Fahrt verlief sehr entspannt und ganz ohne Stau, denn wer fährt schon an einem Samstag so früh los. Knapp fünf Stunden später erreichten wir die gebuchte Pension, dessen Einfahrt wir fast übersehen hätten. Am Schlüsselkasten öffneten wir mit dem uns mitgeteilten Code die Tür und konnten direkt in das frisch hergerichtete Zimmer. Es sah einfach aus, aber alles war schön sauber und ordentlich. Den Tag über faulenzten wir herum und ich ging zweimal spazieren, um mir die Füße zu vertreten und etwas frische Luft zu schnappen.

Am Spätnachmittag hörten wir im Radio, dass der Elbtunnel in Hamburg komplett gesperrt ist und nun waren wir sehr froh, dass wir eine Übernachtung gebucht hatten und somit keinen Stress durch die Warteschlangen und den Staus in der Hansestadt befürchten müssen. Wir entschieden uns im Navi die Route am nächsten Tag zum gebuchten Parkplatz ohne Autobahn einzugeben, weil dort der größte Stau befürchtet wurde.

Das Frühstück um 7 Uhr war in der Pension überraschend gut und so fing unser Tag sehr angenehm an. Wie geplant fuhren wir pünktlich los und näherten uns ganz entspannt und ohne Stau der Hansestadt Hamburg. Kurz vor Hamburg lasen wir das Ortsschild Töten und Silvia fiel sofort ein, dass hier der weltberühmte deutsche Musikproduzent und Komponist Dieter Bohlen wohnt. Da wir gut in der Zeit lagen, suchten wir das

Haus von Dieter Bohlen auf und schauten uns sein schönes Anwesen an, machten natürlich auch Fotos von seiner Villa und dem Garagenhaus.

Gleich nach Töten kommt die Weltstadt Hamburg und erstaunlicher Weise sehr viele gesperrte Brücken und Tunnel, so konnten wir uns nur bedingt vom Navi navigieren lassen, weil nicht alle Sperrungen gemeldet waren. Nun wurde es doch ein wenig stressig durch die Umwege, Sperrungen und Staus, aber alles noch in einem vertretbaren Rahmen. Gute dreißig Minuten benötigten wir nun länger bis zum gebuchten Parkplatz. Dort angekommen, standen wir vor einem fast leeren Platz und Silvia bekam Angst, ob dies überhaupt der richtige Stellplatz ist, den wir gebucht hatten. Meiner Meinung nach war alles klar und sehr eindeutig, aber um Silvia zu beruhigen rief ich den Betreiber an und fragte nochmals nach. Dieser bestätigte mir sofort das alles o.k. ist und wir unser Auto dort parken dürfen. Ein wenig ungläubig packte Silvia ihren Koffer aus dem Auto und gemeinsam liefen wir mit dem Gepäck zum Liegeplatz der Aida Sol, die im Kreuzfahrtschiffhafen in Hamburg im Cruise Center Altona liegt. Der Weg verlief bergab, quer über die Hauptstraße, durch einen kleinen Park und schon standen wir vor der Aida Sol im Hafen.

Üblicherweise klappt das Einschiffen immer sehr gut bei der Aida. Nur heute bildete sich eine sehr lange Warteschlange auf einer Seite des Eingangs. Spontan entschied ich mich für die zweite Tür, die komplett ohne Menschen davor war. Hinter der Tür reihten wir uns mit unseren kleinen Koffern in eine viel kürzere Warteschlange ein. Silvia war total nervös und meckerte rum, sie meinte immer wieder, wir dürfen uns hier mit den Koffern nicht anstellen, ich sah das komplett anders und schob uns immer weiter mit dem Gepäck zum Einchecken. Dann wurden den Gästen Erfrischungsgetränke zur Ankunft gereicht und die erforderlichen Formalitäten beim Einchecken an den kleinen runden Tischen schnell und zügig erledigt, dennoch gab es eine kleine Warteschlange. Alle Gäste waren erfreut über die schnelle und unkomplizierte Art des Eincheckens. Denn das hatten auch wir bei anderen Reedereien schon sehr negativ in Erinnerung, mit langen Wartezeiten, heftigem Gedränge und Schupsen, so dass die Nerven beim Einchecken schon blank lagen. Nach der Kontrolle unserer Unterlagen und der Sichtung der Reisepässe durften wir weiter zur Gepäckkontrolle. Auf dem Weg erlebten wir ein echtes Desaster, denn ein paar Tische weiter hatten die Aida Gäste ihre Reisepässe nicht dabei und wollten mit ihren Personalausweisen einchecken. Dies ist leider nicht gestattet und so konnten die zwei aus München die Kreuzfahrt nicht antreten, denn ohne Reisepass darf niemand auf das Schiff, dies wurde zudem mehrfach zuvor bekannt gegeben. In der kurzen Zeitspanne bis zur Abfahrt war es den Zweien unmöglich ihre Reisepässe zu beschaffen, so packten sie fluchend und weinend ihre Sachen und fuhren wieder zurück nach München, denn diese Reise endete hier für sie.

Als Nächstes wurde unser Handgepäck und die Koffer durchleuchtet und dann durften wir auf das Kreuzfahrtschiff mit unseren neuen Kunststoffkabinenkarten gehen. Da es erst 12 Uhr war, legten wir unser Gepäck auf die Kabine und begaben uns ins Speiserestaurant namens „Markt Restaurant" und genossen das erste Bier und ein leckeres Essen. Nun konnte der Urlaub und die interessante Reise beginnen.

Nach dem Mittagessen packten wir unser Gepäck in die Schränke der Kabine und nahmen anschließend an der Seenotrettungsübung teil. Dabei ist zuerst auf der Kabine ein Programm im Fernseher zu absolvieren und anschließend mit der angelegten Rettungsweste auf die sogenannte zugewiesene Musterstation bei den Rettungsbooten zu gehen und die Bordkarte abzuscannen. Damit ist die vorgeschriebene Seenotrettungsübung auch schon beendet. Wir waren sehr erstaunt, dass dies so ganz ohne Wartezeiten funktionierte, denn bei anderen Reedereien musste man lange in Reihe und Glied stehen, bis endlich einer der Schiffsbesatzung in allen möglichen Sprachen die Einweisung zelebrierte. Hier wurde dies mit wenigen Worten zügig und verständlich in deutscher

Sprache durchgeführt. Nach diesem Pflichtprogramm legten wir die Rettungsschwimmwesten wieder in die Kabinen und liefen zum Abendessen in das Markt Restaurant auf Deck 9.

Das Essen im Markt Restaurant war wie immer sehr gut und das Konzept sich selber einen Sitzplatz zu suchen und sich am Buffet zu bedienen gefiel uns ausgezeichnet. Das erste gemeinsame inkludierte Bier an diesem Abend schmeckte allen ganz hervorragend und so schlemmten wir sehr gemütlich und freuten uns auf das große Abenteuer auf der Kreuzfahrt nach Schottland, Island und Norwegen.

Danach stellten wir unsere Handys ein, denn wir hatten das Programm Social Media gebucht. Die Verbindung herzustellen war nicht ganz so einfach und es bedurfte in unserem Fall, das erste Mal die Hilfe an der Rezeption. Danach klappte es gut, leider stellten wir über die gesamte Dauer der Reise immer wieder fest, dass man sich sehr oft neu einwählen und verbinden muss, was nicht ganz so einfach war. Hier gibt es deutlich bessere und einfachere, so wie schnellere Systeme. Dies liegt darin begründet, dass auf dem Schiff Sol das System ein wenig veraltet ist und noch eine Modernisierung bevorsteht. So teilte uns das Personal an der Rezeption dies mit.

An der Kabinentür entdeckten wir gleich zu Anfang das Schiffsjournal AIDA HEUTE, das viele wichtige Informationen den Gästen weitergibt. Das täglich erscheinende Journal sagt etwas über das Wetter, die anstehende Etappe, Infos vom Kapitän oder dem Schiffspersonal, kulinarische Angebote und Besonderheiten, Entertainment, Angebote verschiedener Programme an Bord, Öffnungszeiten aller Restaurants und anderen Bordeinrichtungen, so wie etwas zu Ausflügen und Neuigkeiten an Bord, aus.

Heute steht darin u.a. vom Hoteldirektor des Schiffes ein herzliches Willkommen an Bord, wann die Willkommensparty stattfindet und das wir 558 Seemeilen (1033 km) bis zu unserem nächsten Ziel dem Ort Kirkwall auf den Orkneyinseln zurücklegen werden. Dass alle bis spätestens 17:30 Uhr an Bord sein müssen und die Aida Sol um 18:00 Uhr ablegt. Der Sonnenaufgang um 4:49 Uhr und der Sonnenuntergang um 21:49 Uhr stattfindet und der Tag leicht bewölkt bei 16°C verläuft. Natürlich fehlt in einem Schiffsjournal auch nicht die genaue Lage, denn in Hamburg befinden wir uns exakt 53°33' Nördlicher Breite und 10°0' Östliche Länge. In diesem Journal wird auch vom Sicherheitsoffizier darauf hingewiesen, dass das Schiff erst vom Hafen auslaufen darf, wenn alle Gäste an der Rettungsübung teilgenommen haben.

Heute Abend dürfen wir uns u.a. auf Deck 9 bis 11 über die AIDA STARS mit dem Programm SHINING STARS auf eine tolle Show mit den Sängern, Tänzern und Akrobaten freuen. Vor der Show wird uns der Entertainmentmanager Dennie und der Hoteldirektor Aubrey Miranda auf dem Schiff offiziell im Theater begrüßen und uns einiges über sich und Aida erzählen. Übrigens ist Dennie sehr bekannt durch das Fernsehen, denn er war in hunderten Folgen „Verrückt nach Meer" zu sehen.

Am Ankunftstag auf dem Kreuzfahrtschiff der Aida Sol gibt es zur täglichen Ausgabe das AIDA HEUTE noch ein weiteres Prospekt, das sogenannte KÄPT'NS KOMPASS, in dem der Kapitän Felix Rothe seine Gäste an Board willkommen heißt. Hier wird alles ganz genau erklärt, u.a. wie die digitale Sicherheitseinweisung funktioniert, was im Notfall zu tun ist, wo sich die Sammelplätze auf Deck 5 befinden, wie die Rettungsweste richtig angelegt wird, welche Sicherheitsanweisungen es gibt, was Aida für die Umwelt macht, was gesundheitlich an Board zu beachten ist und es werden Orientierungshilfen erklärt, sowie die unterschiedlichen Serviceleistungen dargestellt.

Zwischendurch sehen wir uns vom Deck 12 die Umgebung des Schiffes an und schießen ein paar Fotos von Hamburg. Beim Abendessen schauen wir uns die Ausfahrt vom Hamburger Hafen und die Fahrt auf der Elbe an, weil an dessen Ufer die „Schönen und Reichen" fantastische Villen in allerlei Stilrichtungen gebaut haben.

Wer Hamburg noch nicht kennt, dem empfehle ich mindestens einen Tag Zeit vor der Abreise Zeit einzuplanen und sich ein wenig diese tolle Stadt anzuschauen.

Die Stadt Hamburg wird amtlich die „Freie und Hansestadt Hamburg" genannt und ist mit seinen über 1,9 Millionen Einwohnern die zweitgrößte Stadt Deutschlands. Eine zweite wichtige Information ist die, dass Hamburg ein Stadtstaat und somit ein Land der Bundesrepublik Deutschland ist. Der amtliche Name der Stadt verweist auf die Geschichte Hamburgs als Freie Reichsstadt und als führendes Mitglied des Handelsbundes der Hanse hin. Geografisch ist Hamburg mit rund 755 Quadratkilometern die zweitgrößte Gemeinde Deutschlands. Das Stadtgebiet ist in sieben Bezirke und 104 Stadtteile gegliedert, darunter gehört auch der Stadtteil Neuwerk, der eine in der Nordsee gelegene Inselgruppe bildet.

Der Hamburger Hafen, in dem unsere Aida Sol gerade lag, zählt zu den größten Umschlaghäfen weltweit und macht Hamburg zusammen mit dem internationalen Flughafen zu einem sehr bedeutenden Logistikstandort.

Wirtschaftlich und wissenschaftlich ist der Stadtstaat vor allem im Bereich der Luft- und Raumfahrttechnik, der Bio-wissenschaften und der Informationstechnik, sowie für die Konsumgüterbranche und als Medienstandort von großer Bedeutung. Seit 1996 befindet sich zudem der Sitz des Internationalen Seegerichtshofs ISGH in der Hansestadt.

Wie schon gesagt, wer sich ein wenig Zeit nehmen kann, der sollte sich unbedingt die Speicherstadt und das benachbarte Kontorhausviertel, die seit 2015 Teil des UNESCO-Welt-kulturerbes sind, anschauen. Hamburg besitz viele bekannte Kulturdenkmäler und Wahrzeichen, so ist zum Beispiel das Hamburger Rathaus und sind die fünf Hauptkirchen unbedingt zu erwähnen. Die bekannteste und beliebteste Kirche ist die evangelisch-lutherische Hauptkirche Sankt Michaelis, die liebevoll von den Bewohnern der Stadt „Michel" genannt wird.

Sie gilt als bedeutendste Barockkirche Norddeutschlands und stellt für die Schifffahrt auf der Elbe ein weithin sichtbaren Sakralbau dar, zudem ist die markante Architektur seit langem das Wahrzeichen der Hansestadt Hamburg. Sein über 132 Meter hoher Kirchturm ragt weit über die Stadt und das heutige Bauwerk ist ein Wiederaufbau von 1912, nachdem die Kirche 1906 abgebrannt war. Die Glocken des Turms rufen nicht nur zum Gebet, sie geben auch den Takt der Stadt an, zudem ist die große Turmuhr weit sichtbar. Morgens und abends bläst der „Michel-Türmer" seine Melodie, und durch die beeindruckende Höhe des Turms wird diese weit in alle Himmelsrichtungen getragen.

Ganz typisch für das Stadtbild der Hansestadt sind die weithin sichtbaren und vielen Klinkerfassaden, sowie die Wassernähe mit zahlreichen Flüssen, Fleeten und Kanälen. Durch die vielen kleinen und großen Wasserstraßen besitzt Hamburg über 2500 Brücken und ist damit die Stadt in Europa mit den meisten Brücken und stellt Venedig, welches nur etwas über 400 Brücken besitzt weit in den Schatten, denn sie belegt nur den fünften Platz.

Für die Herren der Schöpfung ist natürlich das international bekannte Vergnügungsviertel St. Pauli mit der Reeperbahn ein großes High-Light. Ein historisches Gebäude ist dort die beliebte Davidwache der Polizei, die für Recht und Ordnung in dem sündenreichen Stadtviertel sorgt. Das rote Backsteingebäude ist nicht nur ein beliebtes Fotomotiv der Besucher, sondern auch sehr bekannt durch die vielen Kriminalfilme, in denen diese Wache ein fester Bestandteil ist.

Bei den modernen sowie sehr futuristischen Gebäuden sticht das weit sichtbare Konzerthaus der Elbphilharmonie, das 2017 eröffnet wurde, deutlich heraus.

Diese einzigartige Stadt bietet aber auch sehr viel für die Freunde des Theaters, denn im Hafen von Hamburg, liegt links das Theater für „Das Wunder von Bern" und rechts der Bau für das Musical „König der Löwen". Seit 2011 ist die offizielle Bezeichnung „Stage Theater im Hafen Hamburg", dessen Pforten bereits 1994 erstmalig geöffnet wurden. Diese zwei modernen und auffälligen Gebäude befinden sich auf der Hamburger Elbinsel Steinwerder, direkt am Wasser gegenüber den Landungsbrücken. Es gibt noch einige weitere große und interessante Theater und Operettenhäuser in dieser Stadt. Hamburg ist mit großem Abstand der weltweit drittgrößte Musicalstandort nach New York und London und zählte bereits im Jahr 2007 über zwei Millionen Musicalbesucher.

Eine Hafenrundfahrt ist in Hamburg ebenfalls zu empfehlen, zumal die schönen historischen Schiffe bewundert werden können, aber auch die Riesen der modernen Seefahrt mit den u.a. gewaltigen Containerschiffen und dessen Containerhafen.

Wer gerne früh aufsteht, dem ist der Altonaer Fischmarkt zu empfehlen, dies ist ein öffentlicher Markt im Hamburger Stadtteil „Altona-Altstadt". Heutzutage ist dieser Markt mit seinen berühmten Marktschreien ein Touristenmagnet, doch nach seiner bekannten Geschichte war er die Konkurrenz der beiden rivalisierenden Städte Altona und Hamburg, zwischen denen er heute noch liegt. Dieser interessante Markt erfüllt aber auch in unserer Zeit immer noch seine ökonomische Funktion.

Über diese weltberühmte Stadt Hamburg könnte mit Leichtigkeit ein ganzes Buch gefüllt werden, aber ich möchte nur ein paar wenige Anregungen und Inspirationen zur Besichtigung dieser wunderschönen Stadt einbringen.

Heute geht es für uns gleich nach der abendlichen Theateraufführung ins Bett und wir sind schon ganz gespannt auf den ersten entspannten Seetag, den wir auf der Aida Sol genießen dürfen.

Seit der Nacht haben wir über 4 Meter hohe Wellen, was nicht wirklich viel ist, dennoch haben einige Gäste keinen Appetit auf das leckere Frühstück, weil das Schiff sich dennoch ordentlich bewegt. Der Kapitän begrüßt über Lautsprecher seine Gäste und gibt die aktuelle Position, die Geschwindigkeit des Schiffes, sowie die technischen Wetterdaten, durch. In der Nordsee, auf dem Weg nach Kirkwall in Schottland, haben wir zu den erhöhten Wellen wechselhaftes Wetter bei 12 °C Höchsttemperatur, was für den 10 Juni nicht wirklich viel ist. Aber wir bewegen uns Richtung Norden und da ist es immer deutlich kühler als in unserer Heimatgemeinde in Illingen, die im Süden von Deutschland, in der Nähe von Stuttgart liegt.

Am Morgen sind wir einigermaßen fit und freuten uns auf das leckere Frühstück im Markt Restaurant auf Deck 9. Direkt hinten am Heck vor den großen Scheiben nehmen wir Platz und bedienen uns am frischen Buffet. Es ist wie auch sonst immer alles sehr ansprechend und schön im Restaurant hergerichtet. Für mich gibt es frischen geräucherten Lachs, Salami mit Pfefferrand, Käse mit Bärlauch, Orangenmarmelade, ein kleines heißes Wiener Würstchen mit Senf, ein weich gekochtes Ei und das alles wird zusammen mit einem frisch gebackenen Vollkornbrötchen mit Kürbiskernen, sowie einem Mohnbrötchen von mir gegessen. Dazu trinke ich frischen Orangensaft mit Fruchtfleischstückchen und den kredenzten Kaffee. Ein Obstteller bestehend aus frisch geschnittener Papaya und Mango mit zwei Löffel Naturjoghurt rundet mein Frühstück am Ende ab. Silvia holte sich lieber die Leberwurst mit Apfelstücken, Weichkäsestücke, geräucherten Schinken, Himbeermarmelade und ein großes Omelett zu ihren zwei Brötchen, die immer sehr frisch, knackig und lecker sind. Aida hat mit Abstand die besten Brötchen auf See. Nun will ich nicht alles aufzählen was es Tolles zum Frühstück gibt, aber hier findet jeder was, vom Spiegelei, Omelette, hart und weich gekochten Eiern, über Wurst, Käse, Fisch, gebratenem Fleisch, Gemüse, Müsli, Marmeladen, Obst, vielerlei Natursäfte, verschiedene Milchsorten, Joghurts bis hin zum Milchreis mit Früchten gibt es eine sehr große Auswahl an guten und gesunden Produkten.

Den Seetag genießen wir bei mäßigem Wetter, da es immer wieder mal regnet ist ein langer Aufenthalt auf dem Sonnendeck nicht wirklich sinnvoll. Dennoch ist der Tag, dank des großen Angebots der Aida Programme, sehr kurzweilig und interessant. Unterbrochen wird dies nur von den Essensmahlzeiten, so wie der Kaffee- und Kuchenzeit. Denn es gibt immer zur Nachmittagszeit mindestens 4 Sorten leckeren Kuchen zur Auswahl, der im Reisepreis bereits inkludiert ist.

Auf diesem Kreuzfahrtschiff, das im Jahre 2011 in den Dienst gestellt und damals für 385 Millionen Euro in der Meyer Werft in Papenburg gebaut wurde, gibt es drei Buffet-Restaurants, zwei Spezialitäten-Restaurants und drei À-la-carte-Restaurants. Das Markt Restaurant auf Deck 9, das Bella Donna Restaurant auf Deck 10 und das East Restaurant auf Deck 11 am Heck des Schiffes gehören zu den Buffet-Restaurants. Hier sind alle Tischgetränke wie Bier, Rot- und Weißwein, so wie die Softgetränke zum Essen im Preis enthalten.

In dem Spezialitäten-Restaurant Brauhaus gibt es typische Bierzeltgerichte wie halbe gegrillte Hähnchen oder Ente, Schweinshaxen, Bratwurst oder panierte Schnitzel, natürlich mit den entsprechenden Beilagen, so wie den Vor- und Nachspeisen. Das Restaurant ist ganz traditionell im natürlichen Holzstyle eines typischen Gasthauses und Biergarten in Bayern oder Österreich ausgestattet. Uns hat es dort immer sehr gut gefallen, zumal die halbe Ente oder der Schweinshaxen einfach super schmecken. Im Spezialitäten-Restaurant Best Burger @ Sea auf Deck 11, im Heck, gibt es allerlei Burger und dessen Beilagen, wie der Name schon sagt. In den Spezialitäten-Restaurants ist das Essen inkludiert, aber die Getränke müssen separat bezahlt werden.

Im À-la-carte-Restaurant Buffalo Steak House auf Deck 10, der Sushi Bar im East Restaurant und dem Gourmet Restaurant Rossini auf Deck 11 sind alle Speisen und Getränke separat zu bezahlen.

In dem 253 Meter langen und 38 Meter breiten Schiff, das einen Tiefgang von über 7 Meter hat und von zwei elektrischen Propellermotoren mit rund 34 000 PS bis auf eine Höchstgeschwindigkeit von 21,8 kn (40 km/h) angetrieben wird, gibt es in der Mitte des Schiffes ein rundes Theater, mit versenkbaren Bühnen, das auf mehreren Stockwerken von einer Glasfassade umrahmt wird. Auf dem Sonnendeck befinden sich Whirlpools und Swimmingpools, so wie ein separater Nacktbereich und ein getrennter Spa-Bereich mit Sauna, der separat bezahlt werden muss. Auf dem gesamten Schiff kümmern sich 611 Mitarbeiter um die Gäste die in 1097 Kabinen und Suiten untergebracht sind. Für die Nachtschwärmer und Menschen die gerne tanzen, stehen 10 Bars in unterschiedlicher Größe und Mottos zur Verfügung. Die Cocktails und alle anderen Getränke in diesen Bars sind nicht im Reisepreis inkludiert und müssen separat bezahlt werden. Für die Sportler unter den Gästen steht ein großer und moderner Fitnessraum mit der neusten Sportgeräteausstattung kostenfrei zur Verfügung. Dort werden auch Handtücher inkludiert bereitgestellt, dies gilt auch für die Sonnendecks.

Für Gäste die es tagsüber aktiv oder gesellig mögen, gibt es auf der Aida Sol von 9 Uhr bis 22 Uhr eine Fülle von Aktivitäten, die alle im AIDA HEUTE aufgeführt sind.

Am Nachmittag besuchen wir auf Deck 9 bis 11 im Theater die HAFEN LOUNGE, in der wir zu dem Thema „Land in Sicht" über die nächste Anlegestelle in Schottland, nämlich den Orten Kirkwall und Stornoway, durch die Aida Scouts Vanessa und Jolina, sowie dem Lektor Matthias Palm, alles Wissenswerte erfahren. Das ist eine wirklich gute Sache, denn so sieht man schon im Voraus was einen an Land erwartet und es erleichtert die eigene Planung der folgenden Landausflüge. Matthias Palm wird uns auf der ganzen Reise begleiten und immer wieder sehr interessante und faszinierende Informationen zu den Zielen, über Land und Leute, deren Geschichte oder Entwicklung, sowie weiteres Wissenswerte durch seine sehr guten Vorträge zukommen lassen.

Abends sitzen wir wieder im Markt Restaurant auf Deck 9 und ich gönne mir dort ein ganz leckeres gegrilltes Rinderhüftsteak mit frischen grünen Bohnen im Speckmantel und Rosmarin-kartoffeln, anschließend den gut gegrillten Fisch mit frischem grünen Spargel. Den separaten Beilagenteller stelle ich mit frischem bunt gemischtem Salat und Gemüse zusammen, oben-drauf kommt ein Dressing aus Joghurt und gekrönt wird das Ganze mit Kürbis- und Sonnenblumenkernen. Zum ersten Gang des Essens schmeckt mir das Bier recht gut, beim Fisch stellte ich auf Wein um. Zum Nachtisch esse ich frisches Obst und drei verschiedene Kugeln italienisches Eis mit ganz viel Sahne und Schokosplitter obendrauf. Da alles sehr lecker schmeckt, will ich bei der großen Auswahl an Essen nicht alle Gerichte aufzählen, sonst wird das Buch noch zu einer Speise-karte.

Nach dem Abendessen gehen wir noch in das Theater und lauschen dem Interview bei der AIDA PRIME TIME das Dennie mit dem Kapitän der Aida Sol namens Felix Rothe führt. Dieser hat einen ganz interessanten Werdegang hinter sich. Im Oktober 2004 nahm Felix Rothe ein Nautik Studium in Bremen auf, vier Jahre später trat er mit dem Abschluss als Diplom-Wirtschafts-ingenieur für Seeverkehr in die Dienste seines heutigen Arbeitgebers Aida Cruises. Sein maritimer Werdegang fing bei der Bundesmarine als Reserveoffiziers-anwärter von Oktober 2001 bis Juli 2004 an. Auf der Fregatte Emden und dem sehr bekannten Segelschulschiff Gorch Fock folgten seine weiteren Stationen, bis er als Nautischer Offizier und Sicherheitsoffizier im Oktober 2008 bis Januar 2014 auf der Aida Vita seine Kreuzfahrtschiffkarriere als dritter Offizier startete. Vom Februar 2014 bis Juni 2018 arbeitete er bereits als Staff Captain auf den Schiffen der Aida und seit Juli 2018 steht er im Rang eines Kapitäns und ist für Aida auf den Weltmeeren unterwegs. Zudem erhalten wir im Interview spannende Einblicke vom Alltag eines Kapitäns auf der Brücke und wie die gestandenen Seemänner ihre Freizeit verbringen.
Kurz nach dem Interview mit dem Kapitän der Aida Sol folgte die Show der Aida Stars, das ist eine Artisten-, Tanz- und Gesangsvorstellung mit den ganz persönlichen Geschichten des

Showensembles. Dort kann man erfahren, wo die Stars herkommen, wie der Weg zur Aida verlief und wie sie im privaten Leben aussehen. Es macht Spaß dort zuzuschauen und zuzuhören, denn so etwas sieht oder erfährt man nicht alle Tage.

An diesem Tag haben wir auch noch die lustige und sehr unterhaltsame Show des Gastkünstlers Udo Wolf mit dem Thema CHAOS, KINDER, KAFFEMANGEL angeschaut. Er erzählt mit einem Augenzwinkern von den alltäglichen Herausforderungen, Freunden und Absurditäten, die das Leben mit Teenagern so bringt. Von chaotischen Elternabenden bis hin zu den kleinen Katastrophen des Alltags. Er nimmt uns quasi mit auf die Achterbahnfahrt durch das Familienleben. Seine Geschichten sind gespickt mit Ironie und einem Hauch von Sarkasmus, unterhaltsam für Eltern und solche, die es werden wollen. Dieses Programm strapaziert die Lachmuskeln, regt zum Nachdenken an und zeigt die große Vielfalt des Familienlebens in all seinen Facetten.

Es wird hier auf der Aida Sol den ganzen Tag von 8 Uhr am Morgen bis in den späten Abend nach 22 Uhr ein abwechslungsreiches Unterhaltungsprogramm angeboten, so dass für jeden Geschmack was dabei ist, ob unterhaltsam, sportlich oder in geselliger Runde und es entsteht niemals Langeweile auf so einer Kreuzfahrt, nicht einmal auf den entspannten Seetagen. Man muss sich nur in der AIDA HEUTE das passende Programm raussuchen und teilnehmen.

Für uns geht es nach dem tollen Unterhaltungsprogramm und den Shows gleich ins Bett, denn nach dem gemütlichen Seetag folgt der Landgang in Kirkwall auf den Schottischen Orkneyinseln und da wollen wir fit sein. Wir werden nach der AIDA HEUTE schon ab 9 Uhr an Land gehen können und müssen spätestens bis 19:30 Uhr wieder an Bord des Schiffes sein. Das Wetter ist in Kirkwall bewölkt und wir haben eine maximale Tageshöchsttemperatur von 8 °C. Die Sonne geht, auf dem 58°

59' Nördliche Breite und 2° 57' Westliche Länge, morgens um genau 4 Uhr auf und um 22:23 wieder unter.

Nach einem sehr guten und reichhaltigen Frühstück gehen wir um 9:15 zur Kontrolle der Reisepässe, die von den Schottischen Behörden erst geprüft werden müssen, bevor wir an Land gehen dürfen, aber auch diejenigen die nicht an Land wollen müssen sich von den Behörden checken lassen. Aus diesem Grund ist der Reisepass unabdinglich, weil Schottland leider nicht mehr zur Europäischen Union gehört. Wir reihen uns mit dicken Anorak, Mütze und Regenschirm in die Warteschlange der Behörden ein, diese verläuft bereits durch das gesamte Schiff vom Bug bis zum Heck. Da es auch nach 30 Minuten keinen Meter weitergeht, beschließen wir, dass wir uns wieder ins Restaurant setzen und eine Tasse Kaffee genießen. Die Menschen in der Warteschlange werden langsam nervös und ungehalten, fangen bereits an zu Meckern über die schlechte Organisation der Aida und den Zeitverlust für den Landgang. Wir ziehen die warmen Kleidungsstücke aus und trinken weiter den Kaffee und essen aus lauter Langeweile nochmals einen kleinen Happen. Von der immer schlechter werdenden Laune der Kreuzfahrer auf der Aida Sol lass ich mich nicht anstecken, denn ich habe Urlaub und denke mir, da kann die Organisation der Aida, oder gar der Kapitän sicherlich nichts dafür, dass es hier aktuell nicht vorwärtsgeht. Zumal der Kapitän dafür gesorgt hat, dass unser Schiff 30 Minuten früher im Hafen angelegt hat als dies geplant ist und das finde ich sehr lobenswert.

Plötzlich und ganz unerwartet erfolgt eine Durchsage des Kapitäns der Aida Sol über die Bordlautsprecher. Er entschuldigte sich, auch im Namen der Reederei Aida, für die Unannehmlichkeiten, die seine Gäste gerade durch das Warten in der über 300 Meter langen Warteschlange erleiden. Anschließend teilt er mit, dass üblicherweise 4 Beamte der Schottischen Behörden die Reisepasskontrolle vornehmen und dies sehr schnell vonstattengeht, aber heute sind leider nur zwei Beamte zur Prüfung der Pässe erschienen und sie prüfen diesmal die Gäste auch noch sehr genau. Er bittet die Kreuzfahrer noch etwas in den Restaurants zu trinken oder zu essen, dafür bleiben diese länger geöffnet, denn die Passkontrolle wird deutlich mehr Zeit in Anspruch nehmen als geplant war und weißt darauf hin, dass die organisierten Touren von Aida sich alle terminlich stark nach hinten schieben werden. So ist dies von ihm und der Reederei Aida nicht geplant und er entschuldigt sich nochmals ganz formell für diese Unannehmlichkeiten und bittet um Verständnis. Danach endet die Durchsage über die Bordlautsprecher und das Schiff füllt sich mit lauten Stimmen, denn das Gemecker nimmt erheblich zu.

Nach dieser Durchsage werden die Gäste leider nicht wirklich vernünftig und bleiben hartnäckig in der überlangen Warteschlange stehen, auch wenn dies keinen Sinn macht. Wir informieren uns ein wenig über Schottland und den Orkneyinseln, denn das ist interessant und verdrängt die Langeweile.

Auch wenn wir sicherlich alle Schottland kennen, sind vielleicht ein paar Eckdaten ganz interessant. Schottland ist ein weitgehend autonomer Landesteil des Vereinigten Königreichs Großbritannien und Nordirland. Es besteht aus dem nördlichen Drittel der größten europäischen Insel Großbritannien sowie mehreren Inselgruppen und es leben rund 5,5 Millionen Einwohner in dem kargen und recht kühlen Land. Die schottische Hauptstadt mit ihren rund 530 000 Einwohnern ist seit 1437 Edinburgh, sie ist die zweitgrößte Stadt in Schottland. In Edinburgh tagt seit 1999 zudem das Schottische Parlament. Die Stadt liegt in Lothian an Schottlands Ostküste auf der Südseite des Firth of Forth gegenüber von Fife. Im Jahre 1707 wurden die Staaten Schottland und das Königreich England zum Königreich Großbritannien vereinigt. Durch den weiteren Zusammenschluss mit dem Königreich Irland entstand im Jahr 1801 das Vereinigte Königreich Großbritannien und Irland. Die Mehrheit der schottischen Bürger hatte, im kürzlich durchgeführten Referendum, für den Verbleib in der Europäischen Union gestimmt.

Schottland liegt im nördlichen Drittel der Insel Großbritannien und besitzt eine Fläche von rund 78 000 km². Südlich grenzt es zwischen dem Solway Firth im Westen und dem Fluss Tweed an der Ostküste an England. Das Land teilt sich in drei geografische Regionen auf, dies sind die Highlands, die Central Lowlands und die Southern Uplands. Die höchste Erhebung des Landes ist der 1345 m hohe Berg namens Ben Nevis bei Fort William, der zudem den höchsten Punkt von ganz Großbritannien darstellt. Er gehört zu den sogenannten Munros.

Der südlichste Punkt des schottischen Festlands liegt auf der Halbinsel Mull of Galloway, der nördlichste bei Dunnet Head. Somit liegt der südlichste Teil Schottlands auf derselben geographischen Breite wie die deutsche Nordseeinsel Hallig Langeneß, der nördlichste Teil auf Höhe von Südnorwegen. Im Wesentlichen liegt Schottland auf derselben geographischen Breite wie Dänemark.

Mit einer Länge von 193 Kilometern ist der Fluss Tay der längste Fluss Schottlands, gefolgt u.a. von den Flüssen Spey, Clyde, Dee und Don.

Durch die weit zerklüftete Landschaft der Highlands bildeten sich in der Entstehungsphase viele Seen und teilweise tief eingeschnittene Meeresarme, die in Schottland auch gerne als Loch bezeichnet werden. Die bekanntesten sind das Loch Ness und der Loch Lomond.

In Schottland liegen westlich vorgelagert die Inselgruppe der Hebriden, die deutlich getrennt sind von den Gruppen der Inneren und der Äußeren Hebriden. Im Norden von Schottland liegen die Inselgruppen der Orkneyinseln und deutlich weiter entfernt die Shetlandinseln.

Die meisten Menschen leben im Bereich der Central Belt zwischen Edinburgh und Glasgow.

In Schottland ist das Klima gemäßigt mit tendenziell sehr unbeständigem Wetter. Durch den Golfstrom wird es in den Atlantikregionen erwärmt. Die Temperaturen liegen in Schottland niedriger als im Rest von Großbritanniens, was sich durch die nördliche Lage ergibt. 1982 erreichten die Schottischen Hochmoore bei Braemer in den Grampian Mountains die tiefste Temperatur mit -27,2 °C, die jemals in Großbritannien gemessen wurden. Die üblichen Sommer-temperaturen liegen etwa bei 18 °C. Die jemals höchste gemessene Temperatur wurde im Jahre 2003 mit 32,9 °C in Greycrook in der Region Scottish Borders aufgezeichnet. Allgemein kann man sagen, dass der Westen wärmer als der Osten Schottlands ist, weil durch den Golfstrom das Wasser des Atlantiks wärmer als das der Nordsee ist. Die regenreichte Region in Schottland ist in den Western Highlands zu finden, denn hier fallen rund 3000 mm jährlichen Niederschlag. In den Höhenlagen und dies auch nur im Winter ist mit regelmäßigem Schneefall zu rechnen.

Schottlands Wildnis ist typisch für den Nordwesten Europas, auch wenn einige der größeren Säugetiere wie der Luchs, der Braunbär, der Wolf, der Elch und das Walross in historischen Zeiten bis zum Aussterben gejagt wurden. Es gibt größere Populationen von Robben und bedeutende Nistplätze für eine Vielzahl von Seevögeln, wie beispielsweise Basstölpeln oder Papageientauchern. Der hier heimische Steinadler ist so etwas wie ein nationales Symbol. In den Wintermonaten sind in den hohen Bergregionen u.a. das Alpenschneehuhn mit seinem weißen Federkleid, den Schneehasen und das Hermelin im Winterfell zu entdecken. In den restlichen einheimischen Waldkiefernwäldern sind noch schottische Kreuzschnabel, die einzige endemische Vogel- und Wirbeltierart Britanniens, neben Auerhuhn, Wildkatze, rotem Eichhörnchen und Baum-marder zu finden.

Die Flora in Schottland ist vielfältig und umfasst sowohl Laub- und Nadelwald als auch Moor- und Tundra-Arten. Durch die kommerziell groß angelegte Baumpflanzung und die Bewirtschaftung des Lebensraums der Hochheidelandschaft für die Beweidung von Schafen wird die Verteilung von einheimischen Pflanzen und Tieren beeinflusst. Leider wurden im Laufe der schottischen Geschichte viele Wälder massiv abgeholzt. Heute liegt der Großteil des verbliebenen einheimischen kaledonischen Waldes im Cairngormsnationalpark und der Rest in über 80 Orten in ganz Schottland. An der Westküste sind noch wenige Reste des früher weit verbreiteten, von Eichen dominierten gemäßigten Schottischen Regenwalds zu finden, vor allem auf der Halbinsel Taynish in Argyll. Der größte Baum von ganz Großbritannien ist eine Küstentanne, die neben Loch Fyne in den 1870er Jahren gepflanzt wurde. Das Alter der Fortingall Yew, einer Eibe in Perthshire, wird auf bis zu 5 000 Jahre geschätzt, sie ist vermutlich außer Old Tjikko das älteste Lebewesen Europas. In Schottland gibt es viele native Gefäßpflanzen und die Moose sind von beträchtlicher globaler Bedeutung.

Die Sprache in Schottland besteht im Wesentlichen aus drei Gruppen, dies ist Englisch, Lowland Scots und Schottisch-Gälisch. Bis ins 18. Jahrhundert wurde noch auf den Inseln im Norden Schottlands auch Norn, eine nordgermanische Sprache weit verbreitet gesprochen. Heutzutage sprechen die meisten Schotten das gewöhnliche Standardenglisch.

Die Orkneyinseln bestehen aus der Hauptinsel Mainland und etwa 70 kleineren Inseln, die zum Archipel gehören. In dessen Hauptstadt Kirkwall, die sich ebenfalls auf der Hauptinsel befindet, leben rund 9 000 Menschen. Auf dem gesamten Archipel, mit einer Fläche von rund 990 km², leben etwas mehr als 20 000 Menschen. Rund die Hälfte, nämlich 492 km² der Landfläche befinden sich auf der Hauptinsel Mainland. Der Archipel verteilt sich über ein Gebiet von knapp 50 km in Ost-West und 85 km Nord-Süd Ausrichtung, er liegt zwischen dem 58. und 59. Grad nördlicher Breite. Dies entspricht der geografischen Höhe von Sankt Petersburg und Südgrönland.

Die neuzeitlichen Bewohner stammen teilweise von Norwegern ab. König Harald I. (bekannt als Schönhaar) soll die Inseln im Jahre 876 Røgnvald I. Eysteinsson aus Møre in Norwegen überlassen und ihn zum Jarl eingesetzt haben, nachdem die Inseln bereits Jahrzehnte in Wikingerhand waren. Archäologisch gibt es keine entsprechend frühen Funde. Möglicherweise war der in der Heimskringla erwähnte Sigurd der Mächtige erster norwegischer Jarl auf den Inseln. Selbst von Erik Blutaxt wird nur berichtet, dass er auf den Orkneys und Hebriden umherzog. Wann die Norweger tatsächlich auf den Orkneys Fuß fassten, ist unbekannt. Eine der Hauptquellen ist die Orkneyinga Saga, auf jedenfall für die Sicht des 13. Jahrhunderts in Norwegen. So ist es archäologisch gesichert, dass es vor den heidnischen norwegischen Einwanderern dort auch christliche Pikten gab. Die Orkneyinga Saga erwähnt die Pikten überhaupt nicht und versucht den Eindruck zu vermitteln, als ob Olav Tryggvason das Christentum auf die Orkneys gebracht habe. Der Tod Sigurds wird auf magische Eigenschaften von Melbriktas giftigen Zähnen zurückgeführt, die ihn verletzten, als er mit dem Kopf als Trophäe am Sattel heimritt. Die politischen Verhältnisse der Handlungszeit wie die Konflikte des 9. Jahrhunderts einschließlich des Danelags in England sind in der Orkneya Saga nicht erwähnt.

Nach der kleinen Recherche und ein paar Randinformationen gehen wir zurück zur Warteschlange und erhalten um 11:30 Uhr unsere Prüfung der Reisepässe beim Schottischen Zoll. Nun entscheiden wir uns erst Mittag zu essen und anschließend mit dem bereitgestellten Bus von der Aida, bis in die City der Stadt Kirkwall zu fahren.

Das Wetter ist im Prinzip unverändert und so richtig typisch schottisch, so dass die warme Kleidung, Mütze und ein Regenschirm von uns empfohlen werden. Der Shuttle Bus ist voll, denn alle Gäste an Bord wollen die interessante Stadt Kirkwall besichtigen.

Mit dem Bus fahren wir 4 Kilometer an der Küste entlang bis wir an der zentralen Haltestelle wieder aussteigen und zu Fuß die kleine, historische und sehr sehenswerte Stadt erkunden.

Gleich auf den ersten Blick ist zu erkennen wo man sich befindet, denn hier sieht es so richtig typisch schottisch aus. Da ich schon des Öfteren in Schottland war kann ich dies gut beurteilen. Diese alten wunderschönen Häuser aus roten gemauerten Backsteinen oder braunen Natursteinen mit den vielen Kaminen und den Einfachverglasungen in den Fenstern der einfachen Häuser der Arbeiter, aber auch der Villen, Burgen und Schlösser ist so typisch wie das karge und grüne Land von Schottland.

Nur um ein paar wenige Ecken erreicht man den zentralen Platz mit seinen alten Geschäftshäusern und unweit davon ist die sehr beeindruckende und gewaltige St. Magnus Kathedrale, die bis heute von den Bewohnern der Stadt Kirkwall regelmäßig benutzt wird. Die Kathedrale ist nach St. Magnus benannt, weil sie die sterblichen Reste des Heiligen beherbergt. Das Gotteshaus ist u.a. auch bekannt als „Das Licht des Nordens".

Im Jahre 1137 wurde die Kathedrale von Jarl Rögnvald Kali Kolsson gestiftet. Die Kirche wurde dem Patronat des heiligen Magnus Erlendsson, einem Onkel des Stifters, anvertraut. Vor der Reformation gehörte die Kathedrale zur Erzdiözese Trondheim.

1468 kam Orkney zum schottischen Königreich. 1486 wurde die Kathedrale den Bewohnern von Kirkwall offiziell übergeben.

Im Zuge der Reformation in Schottland wurde der Gottesdienst an der Kathedrale 1560 reformiert. Doch gab es, anders als an vielen Kirchen auf dem schottischen Festland keinen Bildersturm. Fortan, bis 1688, war die St. Magnus Kathedrale die Bischofskirche der Church of Scotland. Nachdem der episkopal gesinnte Bischof 1688 sein Amt verlassen hatte, wurde die Kathedrale zu einer presbyterianischen Kirche. Heute wird die Kathedrale von der Church of Scotland genutzt.

Renovierungen fanden in den 1850er Jahren sowie zwischen 1900 und 1925 statt. In diesen Jahren wurden ein neuer Fußboden, die Fenster und der Vierungsturm hinzugefügt. In den 1970er Jahren wurde die Kathedrale stabilisiert, da sie geringfügig in Richtung Westen abgesackt war.

Die ältesten Teile der Kathedrale sind das Querschiff, der Chor und die Ostseite des Mittelschiffes. Die Kathedrale ist in einem Stilgemisch von nordwesteuropäischen, romanischnormannischen und frühen gotischen Stilen erbaut worden. Die Ostseite schloss im 12. Jahrhundert in einer Apsis. Über den Westbau sind nur Vermutungen bekannt. So soll eine doppeltürmige Fassade im 13. Jahrhundert geplant worden sein. Im Westen befinden sich die jüngsten Teile der Kathedrale.

Das Mittelschiff ist geprägt durch die massiven Säulen im normannischen Stil. Die Seitenschiffe zeichnen sich durch Grabsteine aus dem 17. Jahrhundert aus. Der Hochchor wurde in den 1960er Jahren dem Andenken des Gründers der Kathedrale, St. Rognvald, gewidmet. Im Hochchor befindet sich zudem ein Denkmal des Arktisforschers John Rae. Die Vierung wird von frühgotischen Säulen dominiert. Diese Säulen tragen den Turm.

Die Orgel wurde 1926 von der Orgelbaufirma Henry Willis & Sons in einem von George Mackie Watson entworfenen Orgelprospekt erbaut. 1969 wurde das Instrument reorganisiert, und die Chororgel zu einem Positiv-Werk der Hauptorgel umgestaltet. Das Instrument hat heute 42 Register auf drei Manualen und Pedal.

Wir umrunden dieses massive Bauwerk und bestaunen den alten Friedhof der um die Kathedrale ordentlich angelegt und gepflegt wird.

Gleich gegenüber befindet sich der Bishop's Palace und der Earl's Palace, die leider nicht so gut erhalten sind wie die Magnus Kathedrale, denn sie entsprechen eher einer Ruine. Trotzdem sind sie sehr sehenswert. Die einstige Bischofsresidenz stammt aus dem 12. Jahrhundert und die Pallastruine aus dem 17. Jahrhundert, in der einst der berüchtigte Earl Patrick Steward residierte. Eintrittskarten gibt es zur Besichtigung an der hölzernen Kasse.

Wir laufen bis zum Ortsende und entdecken in den schönen Villenvierteln weitere sehr gut erhaltene Kirchen, die alle noch bis zum heutigen Tag genutzt werden. Im großen Bogen geht es wieder in die City und wir besuchen das Orkney Museum, das durch einen halbrunden Steinbogen zwischen zwei schon dreckig verputzen Häusern erreicht wird. Hier sind die gesammelten Artefakte des Lebens auf den Orkneyinseln der letzten 5 000 Jahre ausgestellt. Nun bin ich nicht unbedingt der fleißige Museumsgänger, aber in dem kleinen und sehr verwinkelten Museum habe ich mich tatsächlich fast zwei Stunden aufgehalten. Weil mich die Geschichte der Orkneys interessiert und alles recht gut präsentiert wird. Das alte eingerichtete Museumszimmer im schottischen Stil hat es mir ganz besonders angetan. Das Museum ist kostenfrei und ich kann es nur empfehlen sich dieses Haus anzuschauen. Durch die oft kleinen und verwinkelten Gänge und Treppen sollten die Besucher noch einigermaßen mobil sein, um hier gut durchzukommen.

Nachdem wir mit dem Bus zurückgefahren sind, bin ich nochmals aus dem Hafengelände gelaufen, ein wenig illegal, um mir die wunderschöne Landschaft in Schottland auf den

Orkneyinseln anzuschauen. Mich begeistert diese einzigartige grüne Landschaft immer wieder von Neuem und so konnte ich an der Küste entlang die bunt blühenden Wiesen mit den Schafen und Rindern ganz in Ruhe und alleine genießen. Der wunderschöne Kontrast der grünen Wiesen, der Küste und des tief blauen Meeres ist etwas ganz Einmaliges und tut der Seele so gut, wenn man sich Zeit nimmt und dies erleben darf.

Unser schwimmendes Luxushotel legt pünktlich um 20 Uhr ab und wir steuern auf die 148 Seemeilen (274 km) entfernte Insel Isle of Lewis in Schottland über Nacht zu, um im Stornoway, dem Hauptort der Insel, in dessen Industriehafen anzulegen. Wir werden um 7 Uhr im Hafen sein und so wie ich unseren Kapitän kenne, wird er sicherlich wieder eine halbe Stunde vor der Zeit dort anlegen. Der Aufenthalt für die Gäste des Kreuzfahrtschiffes ist in Stornoway bis 16 Uhr geplant und um 17 Uhr endet die Liegezeit der Aida Sol im Industriehafen der Stadt. Dort legen wir wieder ab, um unser nächstes Ziel pünktlich zu erreichen. Das Wetter wird in Stornoway, das übrigens 58° 13' Nördliche Breite und 6° 23' Westliche Länge liegt, bewölkt sein und wir haben eine maximale Tageshöchsttemperatur von 11 °C. Damit ist klar, dass wir auch hier wieder eine Mütze, die Jacke und einen Regenschirm mitnehmen werden. Hier geht die Sonne um 4:21 Uhr auf und um 22:30 Uhr wieder unter.

Bei der Hafenausfahrt in Kirkwall empfehle ich unbedingt an Deck zu bleiben und die Zeit bis ins offene Meer zu genießen, denn auch hier kann die schon erwähnte Landschaft so wunderschön genossen werden, zudem fahren wir an einer ganz toll erhaltenen Burg oder Schloss vorbei, das mit braunen Steinen dreistöckig gemauert ist und mit ganz vielen Türmchen gebaut wurde. Der letzte Blick von den Orkneyinseln richtet sich auf einen funktionalen Leuchtturm und dessen historischen Nebengebäuden.

Auch wenn das Wetter in Kirkwall nicht wirklich gut war, eben typisch wechselhaft schottisch, so mit Wolken, teilweise Regen, leichtem Wind, ab und zu etwas Sonnenschein und vor allem aber recht kalt für diese Jahreszeit, so war das für mich dennoch ein wunderschöner Tag.

Da es schon sehr spät ist essen wir nur eine Kleinigkeit und dann geht es schnell ins Bett, denn am nächsten Tag erwartet uns ganz früh Stornoway auf der Insel Lewis.

Wie ich es schon befürchtet habe legen wir wieder 30 Minuten früher im Hafen von Stornoway an und deshalb nützt mir das ganz frühe Aufstehen nichts, denn als ich mir die wunderschöne Hafeneinfahrt anschauen wollte, liegen wir bereits im Hafen. In Stornoway gibt sich der Kapitän ganz besonders viel Mühe, denn er will die lange Warteschlange im letzten Hafen wieder gut machen und so organisiert er, zum kostenfreien Bus der Stadt für die Fahrt nach Stornoway, zusätzlich drei Tenderboote der Aida, die direkt im Hafen von Stornoway anlegen. So haben die Kreuzfahrer 3 Möglichkeiten in die Stadt zu gelangen, entweder mit dem Bus, den Tenderbooten oder zu Fuß über den 4 Kilometer langen Weg, der durch eine wunderschöne und typisch schottische Moorlandschaft führt.

Am Ausgang unseres Kreuzfahrtschiffs musizieren im Hafen drei junge Männer mit dem traditionellen schottischen Dudelsack und einer Trommel. Sie tragen dazu schwarze Oberteile mit einer roten Krawatte, einen grau schwarz karierten Schottenrock, dicke lange schwarze Kniestrümpfe, sauber geputzte schwarze Halbschuhe, eine kleine schwarze Tasche um das Becken und einer der Jungs ein schwarzes passendes Glengarry auf dem Kopf. Muss sagen, die Jungs sehen sehr gut aus und machen auf mich einen hochmotivierten Eindruck, denn ganz egal ob sie in der Gruppe musizieren oder Solos hinlegen, es hört sich ganz fantastisch an und es sieht toll aus. Diesem beeindruckenden Spektakel habe ich lange zugehört und zugeschaut, weil es sich nicht nur schön anhört, gut aussieht, sondern auch so unheimlich authentisch ist. Diese Dudelsackmusik liebe ich und das muss natürlich gefilmt und mit schönen Fotoaufnahmen festhalten werden.

Nach dem entspannten und leckeren Frühstück laufen wir in der schon üblichen Kleidung über kleine Wege durch das Moor über das Schloss zur Stadt Stornoway. Der Fußweg ist einfach, gut angelegt und mit Holzschildern prima gekennzeichnet, so dass ein Verlaufen nicht möglich ist. Am frühen Morgen ist es noch frisch, die Wolken hängen tief und ab und an liegt noch Nebel über dem Boden, der sich mit zunehmender Strecke auflöst. Der ganze Weg ist so typisch für Schottland, wie es schöner nicht sein kann, denn überall sieht man kleine und größere Bäche die durch das fast schwarze Moor fließen, an dessen Ufern wachsen blühende Heidekrautarten, verschiedene Gräser, Farne und vielerlei Moose, sowie schöne bunte Blumen. Nur ganz vereinzelt sieht man kleine Baumgruppen, aber überall blühen diese wunderschönen roten Rhododendronsträucher. Dieser Rhododendron ist leider keine einheimische schottische Pflanze, sie wurde eingeschleppt und wächst hier wie Unkraut. Deshalb hat 2014 James Fenton, einer der führenden Ökologen des National Trust dazu aufgerufen, den Rhododendron mit vereinten Kräften zu vernichten und den Feldzug zur obersten Priorität zu erklären. Von den Touristen wird das Meer an bunten Rhododendronwäldern bewundert, viele Besucher reisen sogar extra im Frühsommer nach Schottland, um die Rhododendronblüte mitzuerleben, aber für die ursprüngliche Vegetation ist diese Überwucherung eine Katastrophe.

Wir sehen karge und ganz typische Felsenlandschaften mit den entsprechenden Pflanzen und laufen an einem etwas größeren Flusslauf entlang, dann durch einen kleinen Wald und kommen letztendlich am modernen Museum und dem wunderschönen Schloss namens Lews Castle heraus.

Lews Castle ist ein typisches und gut erhaltenes Herrenhaus an der Ostküste der schottischen Hebrideninsel Lewis. Selten wird es auch als Lewis Castle oder schottisch-gälisch Caisteal Leòdhais bezeichnet. Es liegt malerisch an der Bucht von Stornoway, gegenüber der kleinen Inselhauptstadt Stornoway.

Das Herrenhaus geht auf die Seaforth Lodge des Clans MacKenzie zurück, den König Jakob VI. von Schottland zu Beginn des 17. Jahrhunderts mit der Entwicklung der Insel betraute. Die McKenzies, später als Earls of Seaforth, bestimmten von diesem Standort aus über beinahe zwei Jahrhunderte die Geschicke von Lewis. 1844 erwarb der Kaufmann James Matheson die Insel. Er ließ die Seaforth Lodge zugunsten der Errichtung von Lews Castle am selben Ort abbrechen. Des Weiteren stieß Matheson die Anlage der weitläufigen Parks und Gärten an. Der Großindustrielle William Lever kaufte die Insel im Jahre 1918. Wenige Jahre vor seinem Ableben überließ er 1923 das Herrenhaus mit seinen Ländereien den Bürgern von Stornoway. In der Nutzungsphase als Militärhospital während des Zweiten Weltkriegs verschlechterte sich der Zustand des Anwesens. In den 1950er Jahren wurde dort das Lews Castle College eingerichtet. Nachdem Lews Castle über einen längeren Zeitraum leer gestanden hatte, begannen 2012 die Restaurierungsarbeiten, die drei Jahre später abgeschlossen wurden. Seit 2016 beheimatet es das Lews-Castle-Museum.

Die einbettende bewaldete Parkanlage mit teils exotischem Bestand bildet einen auffälligen Kontrast zu der weitgehend kargen Umgebung. Als einzige Anlage auf den Äußeren Hebriden ist Lews Castle als Site of Special Scientific Interest ausgewiesen, einem Gebiet von besonderem Interesse für den Naturschutz. Sowohl Lews Castle als auch mehrere Außen-bauwerke sind als Einzeldenkmale in den schottischen Denk-mallisten verzeichnet. Neben dem Herrenhaus wurde hierbei auch die Sea Gate Lodge eigenständig als Denkmal der höchsten Kategorie A eingestuft. Historic Scotland stuft die Gesamtanlage Lews Castle durch die Verleihung des höchsten Prädikats „herausragend" in fünf von sieben Kategorien als besonders bedeutend ein.

Als wir um das Schloss oder Herrenhaus laufen kommt doch tatsächlich, wie auf Bestellung, die Sonne heraus und dies passt prima für ein schönes Foto dieser beeindruckenden Anlage.

Für uns führt der Weg weiter nach Stornoway, dies ist der Hauptort der Insel Lewis and Harris und mit 8000 Einwohnern die bedeutendste Ortschaft der Äußeren Hebriden vor der Westküste Schottlands.

Stornoway wurde am besten Naturhafen der Inselgruppe im frühen 9. Jahrhundert von Wikingern mit dem altnordischen Namen Stjórnavágr gegründet und um 1100 mit einer Burg befestigt, die im 16. Jahrhundert zerstört wurde.

Im 19. Jahrhundert erlebte die Heringsfischerei und Verarbeitung eine Blütezeit, wobei vor allem Salzheringe als beliebter Snack in den Bars ausgeführt wurden. In den 1920er Jahren ging die Nachfrage jedoch stark zurück, und sehr viele junge Einwohner wanderten, hauptsächlich nach Kanada, aus.

Am 1. Januar 1919 versank die Iolaire mit über 200 Heimkehrern aus dem Ersten Weltkrieg vor dem Hafen von Stornoway. Dies verschärfte den wegen der vielen Kriegsgefallenen ohnehin schon erheblichen Mangel an Männern auf den Äußeren Hebriden und hatte auch zur Folge, dass danach sehr viele junge Frauen, darunter Mary Anne MacLeod, die Mutter Donald Trumps, auswanderten, weil sie auf den Inseln keine Ehemänner fanden. Zum Gedenken an die 200 ertrunkenen Heimkehrer aus dem ersten Weltkrieg wurde symbolisch ein Schiffsrumpf aus runden aneinandergereihten Holzpfählen in das Hafenbecken von Stornoway eingelassen.

Die traditionelle Sprache der Äußeren Hebriden ist Schottisch-Gälisch. In den Schulen ist allerdings seit 1872 Englisch als Unterrichtssprache vorgeschrieben, was insbesondere in Stornoway zu einem allmählichen Rückgang des Gälischen geführt hat.

Bei der Volkszählung von 2011 wurden in der Gemeinde Stornoway noch 43 % Gälisch sprechende Einwohner ermittelt.

Der Hafen von Stornoway ist die wichtigste Verbindung der Inselgruppe zum Festland. Die Reederei CalMac Ferries bietet je Richtung bis zu zwei tägliche Fahrten zwischen Stornoway und dem Festlandhafen Ullapool an. Zudem gibt es seit 1937 einen kleinen Flughafen.

In der Stadt Stornoway angekommen, besichtigen wir diese ein wenig und entdecken das Royal Hotel, kleine Geschäftshäuser, ganz kleine Verkaufsläden, das Rathaus mit seinen vielen runden Türmchen in dem eine kleine Ausstellung beherbergt ist, am Hafen ein paar Skulpturen die an die Glanzzeiten des Ortes mit den Heringen und Lachsen erinnern, sowie unübersehbar die Martin's Memorial Church im Ortskern. Der Ort ist überschaubar und in ein bis zwei Stunden besichtigt. Überall sehen wir in der Stadt Schulmädchen und Jungs in der traditionellen blau gelben Schuluniform.

Übrigens gibt es hier im Ort auf Stornoway die größten Schachfiguren der Welt, die aus Elfenbein hergestellt wurden. Es handelt sich aber nicht um Figuren aus dem Elfenbein der Stoßzähne von Elefanten, sondern aus dem Elfenbein der im Meer lebenden Wale.

Da für Silvia der Fußweg schon deutlich zu viel ist, bringe ich sie zum gelben Tenderboot der Aida Sol, das schon im Hafen auf seine Gäste wartet. Nachdem sie eingestiegen ist fährt das Tenderboot, in dem eigentlich 200 Gäste Platz haben, ganz alleine mit Silvia zur Aida Sol zurück. Da mir die Landschaft so wunderbar gefällt, laufe ich wieder am Hafen mit seinen vielen Fischerbooten entlang, nochmals am Herrenhaus vorbei und diesmal entscheide ich mich für den Weg an der Küste entlang, bis zu unserem Schiff. Dieser Weg ist mindestens so schön wie der Fußweg am Morgen, der Unterschied ist der, dass auf diesem Weg die ganze Stadt Stornoway und dessen Hafen über den Meeresarm zu sehen ist und später wunderschöne bewachsene Felsen und kleine Inseln im Meer bewundert werden können.

Wem die kleine Stadt und dem was dort geboten wird nicht ausreicht, dem seien folgende Ausflüge empfohlen, die u.a. auch von der Aida Sol angeboten werden. Da gibt es z.B. die sogenannten Callanish (Calanais) Standing Stones oder in Deutsch der Steinkreis von Callanish. Die Anlagen von Callanish (gälisch Calanais, beides aus Altnordisch Kalas ness, so viel wie Kalas Halbinsel/Landvorsprung) sind insgesamt die größte heute bekannte Steinformation der Megalithkultur auf den britischen Inseln. Calanais befindet sich in der Ortschaft Callanish auf der Isle of Lewis auf den Äußeren Hebriden. Andere Bezeichnungen sind Callernish und Classerniss. Bis heute wurden 12 von einst vermutlich über 20 Steinsetzungen aus Menhiren im Umkreis von einigen Kilometern ausgegraben.

Die Steinsetzungen, bei denen die Alignements und Steinkreise herausragen, aber später auch Passage Tombs des Orkney-Cromarty Typs (OC: d.h. Stalled Cairns) hinzukommen, wurden während der Jungsteinzeit zwischen 2900 und 2600 v. Chr. angelegt (die verschiedentlich angegebene Datierung auf 5000 vor Christus ist nicht korrekt) und damit älter als jene von Stonehenge. In der Bronzezeit wurden die Anlagen geplündert bzw. aufgegeben. Seit 800 v. Chr. wurde sie im Zuge der Hochmoorbildung von Torf bedeckt, der die bis zu 4,75 m hohen Menhire im Jahre 1857 (Jahr der ersten Ausgrabung) ca. 1,5 m hoch bedeckte.

Wie bei anderen megalithischen Kultstätten sind Sinn und Zweck der Formationen unklar und Thema vieler Spekulationen. Die wahrscheinlichste Theorie zur Erklärung der Anordnung der Caldragh Idols (Callanish 1, die Hauptformation) bezieht sich auf den Mond: Alle 18,6 Jahre steht der Mond so über den die Formationen umgebenden Hügeln, dass es aussieht, als würde er bei seinem Lauf ihrer Silhouette folgen. Das Schauspiel erweckt den Eindruck, der Mond besuche die Erde und würde mit ihr tanzen. Die Caldragh Idols erlauben, dieses Ereignis vorauszuberechnen.

Calanais ist wohl hauptsächlich wegen seiner geographischen Abgelegenheit weniger bekannt als die Megalithanlagen von Stonehenge oder Avebury. Die Granitsteine sind praktisch unbearbeitet und kleiner als die Sarsensteine von Stonehenge. Die Anlagen beeindrucken aber sowohl durch die Anzahl der verwendeten Steine als auch durch die Anzahl der Formationen. Zudem sind sie teilweise vollständig erhalten, z.B. alle 13 Steine des zentralen Kreises Callanish 1.

Die Hauptanlage Callanish 1 ist annähernd kreuzförmig in nordsüdlicher Ausrichtung angelegt. Der Kreuzpunkt besteht aus einem Steinkreis mit einem zentralen Monolithen und einem kleinen Cairn.

Der Steinkreis ist kein exakter Kreis, sondern hat eine leichte Eiform. Er ist jedoch symmetrisch, wobei die Symmetrieachse exakt von Osten nach Westen verläuft. Die westliche Seite des Steinkreises ist ein echter Halbkreis, die östliche Hälfte ist leicht abgeflacht und erweckt den Eindruck, dem Sonnenaufgang zur Frühlingstagundnachtgleiche das Gesicht zu bieten.

Die südliche Steinreihe verläuft in fast exakter Südrichtung. Die Menhire liegen jedoch nicht auf einer Linie, und zwei Steine sind rechts und links versetzt. Die „Arme" des Kreuzes bilden somit nur annähernd eine geometrische Figur. Der östliche Arm besteht aus fünf Menhiren, die in einem leichten Bogen angeordnet sind und leicht nördlich von der Ost-West-Linie abweichen. Der westliche Arm ist etwas gerader und ziemlich parallel zur exakten Ost-West-Richtung.

Der nördliche Teil des Kreuzes wird durch eine Steinallee gebildet, die sich gegen den Steinkreis verengt. Vielleicht wurde die Allee benutzt, um sich in Ritualen dem Steinkreis mit dem Altarstein zu nähern, aber sie könnte auch einem anderen Zweck gedient haben.

Es gibt insgesamt 12 Steinkreise, die ich hier aber nicht alle aufzählen möchte und dessen spekulative Bedeutung erklären will, denn dies ist ja nur eine Möglichkeit für kulturell interessierte dies hier auf den Inseln in Schottland zu erleben und zu erfahren, ggf. vielleicht zu speziell für diese Büchlein.

Ein weiterer Ausflugshöhepunkt ist Carloway Broch, dessen Bedeutung in Deutsch ein doppelwandiger Wehr- und Wohnturm darstellt und nahezu uneinnehmbar in der damaligen Zeit war. Dieser Turm ist hier auf der schottischen Insel besonders gut erhalten. Das ausgegrabene Innere eines intakten Brochs hier ist ein runder, fensterloser, eisenzeitlicher Turm, der in Schottland, dort insbesondere in Caithness, aber auch auf den vorgelagerten Inseln wie Orkney, Shetland und Hebriden zu finden ist. Im südlichen Teil des Landes sind Brochs selten. Allerdings gibt es die sogenannten Lowland Brochs, z.B. die Broch von Castle Craig, Doon Castle, Edin's Hall, Broch von Tappoch. Insgesamt wurden bisher die Reste von etwa 500 Brochs gefunden. Sie werden fälschlich auch als Pict's houses oder Pictish castles bezeichnet. Die schottische Archäologin Anna Ritchie hält sie aber für die finale Ausprägung der Rundhäuser Schottlands.

Bevor die Brochentwicklung ihren Höhepunkt erreichte, gab es in Schottland roundhouses. Ihre Anfänge reichen bis 700 v. Chr. Die ältesten sind nach derzeitigem Stand die Rundhäuser von Quanterness und vom Calf of Eday, beide befinden sich auf Orkney und sind nach Calder The Potter's Workshop genannt.

Für den Broch in der „klassischen Bauweise" mit doppelwandigem Mauerwerk werden Orkney Skye und die kleine Insel Tiree als Ausgangszentren diskutiert. Der früheste, gesicherte Baubeginn ist nach derzeitigem Kenntnisstand um 400 v. Chr., der Scatnes Broch auf Shetland. Die längste gesicherte Datierung wohl ununterbrochene Nutzungsdauer reicht bis ins späte 8., möglicherweise 9. Jahrhundert n. Chr. in Howe und Stromness auf Orkney. Der Großteil der Bauten entstand jedoch zwischen 200 v. Chr. und 200 n. Chr.

John Hedges hat 52 Brochs auf Orkney bestimmt und 80 analysiert. Nur wenige haben doppelwandige Mauern. Die Zugänge haben Türsicherungen und Wächterzellen. Mindestens zehn Orkneybrochs haben eine eigene Wasserversorgung, z.B. der Brunnen im Broch von Breckness. Eine Besonderheit auf Orkney ist das Auftreten zahlloser Nebengebäude auf einer Reihe von Standorten. Der Lingro Broch am Stadtrand von Kirkwall wurde von George Petrie in den 1870er Jahren ausgegraben. Das zugehörige Brochdorf, das größte auf Orkney, wurde völlig abgetragen.

Die Architektur der Brochs ist komplex. Typisch sind fensterlose Türme aus Trockenmauerwerk mit zehn bis 15 Metern Durchmesser und bis zu 15 Metern Höhe. Es gibt vereinzelt auch Brochs mit anderen Proportionen wie den Broch von Gurness mit 20 Metern und, als größten bekannten, Edin's Hall mit etwa 30 Metern äußerem Durchmesser. Bei ihnen schließt man aus der Stärke der noch erhaltenen Mauern, dass sie bis zu 15 Metern hoch gewesen sind. Die Besonderheit vieler Brochs ist die doppelwandige Mauer, die Galerien, Nischen und Treppen enthält. Ebenerdig befindet sich ein schmaler, tunnelartiger Zugang, manchmal auch zwei oder drei. Oft findet man in diesem Hauptzugang eine oder zwei Wächterzellen. Das Erdgeschoss enthält oft mehrere radial angeordnete, T-förmige intramurale Nischen. Einige Brochs in Sutherland sind kaum strukturiert. Zwar sind keine Zwischendecken oder Plattformen erhalten, aber aus den vorhandenen Balkenauflagen, Mauerabsätzen und den Treppenansätzen wird geschlossen dass manche Brochs über einen mehrstöckigen Innenausbau verfügten. In Rekonstruktionszeichnungen werden Brochs mit konischen Holzdächern dargestellt; wie auch immer geartete Dachkonstruktionen sind aber nicht belegt.

Aufgrund der wehrhaften Erscheinung der Brochs wurden sie früher als Fluchtburgen oder Sitz eines keltischen Anführers gedeutet. Inzwischen geht die Forschung davon aus, dass es sich um Wohnsitze der landbesitzenden Bevölkerung handelt. Indes stellt sich die Situation auf den Inseln South Juist und

Lewis etwas anders dar. Hier gibt es wenige, aber größere Brochs, die sicher nicht der gesamten Bevölkerung als Wohnstätte gedient haben können. Es wird angenommen, dass Brochs als Monumentalbauten auch aus Prestigegründen von wohlhabenden oder sozial höhergestellten Familien errichtet wurden. Während manche Brochs bereits im zweiten Jahrhundert wieder aufgegeben wurden, kann eine Nachfolgenutzung durch Pikten nicht ausgeschlossen werden. Eine zumindest kurzfristige Nutzung durch die nachfolgenden Wikinger ist für einen Broch mit Sicherheit belegt, z.B. in Mousayjar Borg, Mousa Broch, Shetland.

Wer noch nicht genug gesehen hat, der kann sich das Showdorf Gearrannan Blackhouse Village in einem Freilichtmuseum anschauen. Hier ist sehr schön zu sehen wie die Landpächter in früheren Zeiten gelebt haben.

Dann gibt es noch die Norse Mill, dies ist eine wasserbetriebene Mühle, die an einem Bach errichtet und dessen Wasser zum Antrieb des Mühlrades genutzt wurde. Diese Konstruktion reicht zurück bis in die Wikingerzeit und war Typisch für die Hebriden, die Orkneyinseln und Shetland.

Für die Teilnehmer die sich sehr für Aquarien und dessen Inhalt interessieren, denen sei das Aquarium in der Stadt Stornoway empfohlen, denn dies ist eines der größten Aquarien Nordeuropas.

Nach dem Ablegen der Aida Sol bleiben wir an Deck und genießen die fantastische Landschaft von Schottland ein letztes Mal auf dieser Kreuzfahrt. Die wunderschönen grünen Wiesen und die abgebrochenen Felsen an dem Küstenstreifen bieten einen fantastischen Kontrast zum tiefblauen Meer.

Am Abend lauschen wir noch der Kollegin Carla Berling, die aus ihrem sehr erfolgreichen Buch „Der Alte muss Weg" eine Vorlesung im Theater hält. Hierbei handelt es sich um die 50-jährige Steffi, die in einem Reihenhaus wohnt und sehr

unzufrieden ist mit ihrem Job, ihrem Aussehen, ihrem Sexual-
leben und ihrem Gatten Tom der ein Faible für Kreuzworträtsel
hat. Das Highlight der Woche ist jeden Montag ein Treffen mit
ihren besten Freundinnen und ihrer Schwester im Brauhaus.
Außer einer Singlefrau sind alle unglücklich und würden ihre
Männer gerne loswerden, jedoch die Sparbücher, das Auto, die
Häuser und die Designerküchen sollen bleiben. An einem
langen Abend mit sehr viel Kölsch Bier entsteht der perfekte
Plan, wie eine unauffällige Entledigung der Gatten gut
gelingen könnte. Doch die Umsetzung ist komplizierter als
gedacht ..... . Diese humorvolle und lustige Komödie war so
erfolgreich, dass diese sogar verfilmt wurde und im TV zu
sehen ist.

Unser letztes Programm an diesem Abend ist die Quizshow
„Wer wird Millionär" und diese wird im Theater live durch
unseren beliebten Entertainmentmanager Dennie moderiert und
er führt durch ein interessantes, aber auch lustiges Programm,
bei dem sogar richtig was zu gewinnen gibt.

Nun befinden wir uns auf dem Weg zur 657 Seemeilen (1 217
km) entfernten Insel Island, um genau zu sein zur Hauptstadt
Reykjavik. Aber für uns geht es nun erst mal ins Bett und dann
erfolgt ein ganz gemütlicher und entspannter Seetag.

Auf unserem Seetag ist das Wetter eigentlich gleich wie in
Schottland, nur noch eine Stufe schlechter, denn es ist wechsel-
haft zwischen Regen mit ganz dunklen Wolken und sehr wenig
Sonne bei einer maximalen Höchsttemperatur von 11 °C. Die
Sonne geht nun schon um 3:16 Uhr auf und um 22:21 wieder
unter, dies ist dem geschuldet, da wir uns nun noch weiter
Richtung Norden bewegen. In der kommenden Nacht wird die
Uhr von 3 Uhr auf 2 Uhr umgestellt. Auf unserer AIDA
HEUTE ist u.a. der Spruch des Tages und somit auf der
Titelseite zu lesen: „Reisen ist das Einzige, was man kauft, das
einen reicher macht".

Vom Wetter lass ich mir nicht die gute Laune verderben und werde meine Tagesziele trotzdem verfolgen und umsetzen. Aber nun geht es erst mal zum Frühstück und da haben wir richtig viel Zeit und genießen dies, leider aber essen wir auch aus diesem Grund ein wenig zu viel. Aber was soll's denken wir uns, Zuhause können wir wieder abspecken, aber heute und jetzt genießen wir das sehr gute Essen und übertreiben ein klein wenig. Nach dem Schlemmen geht es kurz auf Deck, um ein wenig frische Luft zu schnuppern und die Lage zu checken. Anschließend in die Kabine, um sich etwas frisch zu machen und die Zähne zu putzen. Pünktlich um 10 Uhr sind wir auf Deck 9, um am Glücksrad zu drehen und im besten Fall einen 15 % Gutschein zum Shoppen zu gewinnen, der am gleichen Tag eingelöst werden muss.

Danach laufen wir in die Ocean Lounge, auf Deck 9 bis 11, um dem Vortrag des Lektors Matthias Palm ab 11 Uhr zu lauschen. Denn er berichtet und unterhält uns mit Geschichten und Wissenswertem von Island. Kaum ein anderes Land entspricht so sehr der Bezeichnung „Land der Kontraste" beziehungsweise „Land aus Feuer und Eis" wie die Insel Island im Nordatlantik. Gleichwohl sind die wenigsten Vulkane Islands als solche zu erkennen, denn es fehlt ihnen oft die so typische Kegelform, an die alle bei Vulkanen denken. Stattdessen brechen viele Vulkane an ihren Flanken auf und bilden oft kilometerlange Risse. Aber auch Gletscher und Wasserfälle haben dazu beigetragen Island so zu formen, wie wir es aktuell vorfinden. Es ist eine beeindruckende Insel, mit rauem Klima und lebenslustigen Bewohnern. Durch diesen interessanten und kurzweiligen Vortrag findet man sich in die Geschichte von Island ein und freut sich auf das was wir in den nächsten zwei Tagen erleben dürfen.

Schon ist es soweit und wir laufen wieder ins Restaurant zum Mittagessen. Trotz des reichhaltigen Frühstücks schmeckt es uns schon wieder recht gut und so genießen wir die sehr gute Küche abermals auf dem Schiff. Mit einem Rinderhüftsteak, Bohnen im Speckmantel, Minikarotten und grünen Erbsen, sowie etwas Blumenkohl im Ei gebraten, starte ich meinen ersten Gang, dazu gönne ich mir ein leckeres frisches Bierchen. Mein zweiter Teller besteht aus einem gebratenen Zanderfilet, etwas Kartoffelstampf, Jakobsmuscheln und gedünstetem Gemüse, dazu trinke ich ein Glas vom guten Weißwein. Der gemischte Salat mit Garnelen und weiteren Leckereien rundet mein Menü ab. Zum Nachtisch gönne ich mir in Würfel geschnittene Papaya, Mangos, Ananas und gelbe Kiwis, zudem drei verschiedene Sorten Eis mit ganz viel frischer Schlagsahne. Das Ganze wird mit gerösteten Kürbis- und Pistazienkernen, Feigenstückchen und dünn geschnittenen Dattelscheiben mit Honig garniert und alles ein wenig mit Eierlikör abgerundet. Nach dem reichhaltigen Gericht bin ich eigentlich schon satt, trotzdem laufen wir ins Brauhaus und essen zusammen einen gegrillten Schweinshaxen mit Soße und Senf.

Nach der Völlerei des Magens müssen wir ein klein wenig auf unserer Kabine um zu ruhen und prompt fallen uns für 45 Minuten die Augen zu und wir schlafen im Bett ein. Vom vielen und würzigen Essen haben wir so einen großen Durst, dass wir nochmals ins Restaurant laufen und diesen stillen.

Nach dem ganzen Genuss geht es für mich im Bademantel und mit dem Handtuch an Deck, dort genieße ich abwechselnd den warmen Whirlpool und den kalten Outdoorpool. Da die Luft wirklich kalt ist lasse ich meine schwarze Strickmütze auf dem Kopf, denn ich möchte nicht krank werden. Nach zwei guten Stunden in dem der Körper sich ein wenig an die Wechselbäder gewöhnt hat, traue ich mich sogar die Mütze abzusetzen. Die gesamte Zeit bin ich an diesem Tag ganz alleine in den Pools und wer empfindlich ist, dem empfehle ich sowas nicht zu tun. Mir aber hat es Spaß gemacht und zudem wurden viele Kalorien durch die Kälte verbrannt, auch wenn mich der eine oder andere Gast seltsam angeschaut hat und insgeheim dachte „der ist wohl ein wenig durchgeknallt".

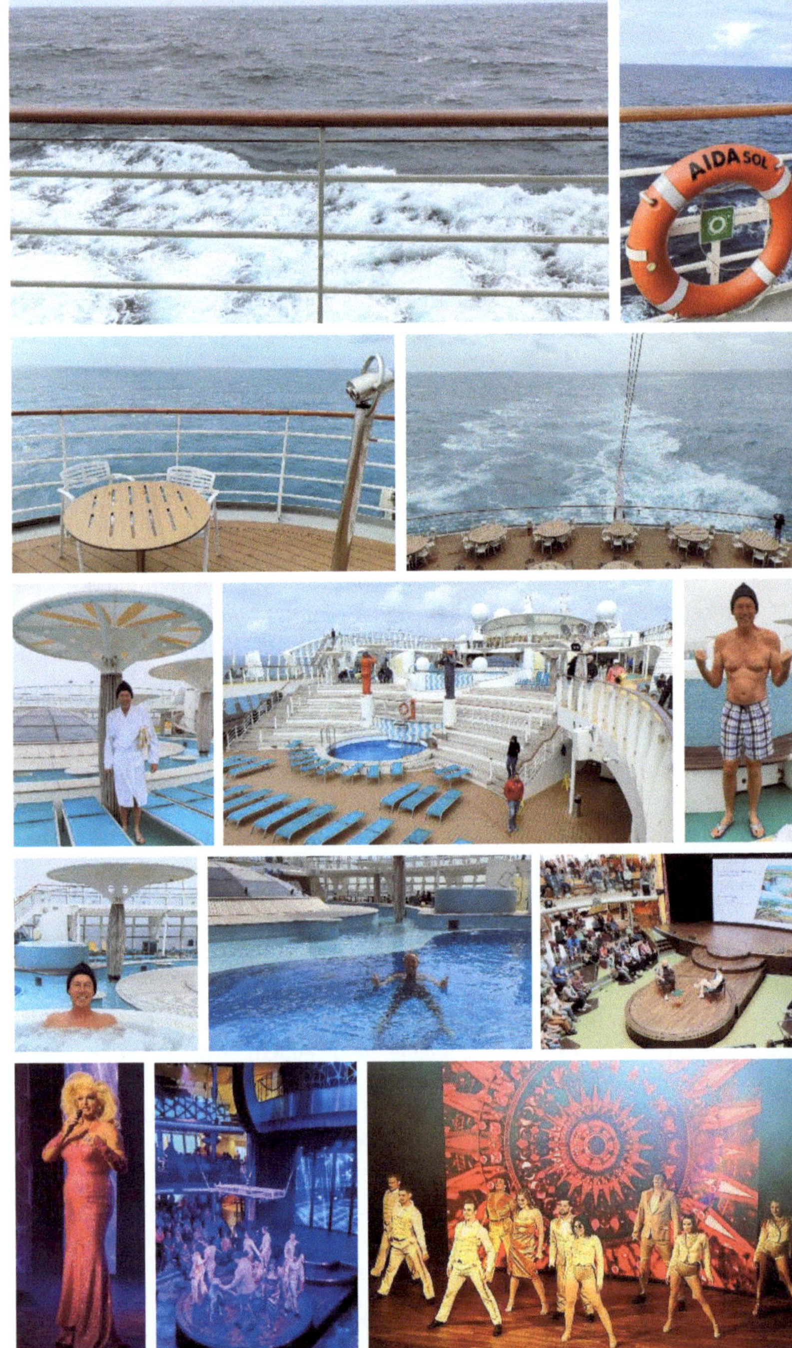
AIDAsol

Am Abend lauschen wir der Lesung im Theatrium, von der Autorin Carla Berling, zum Thema „Was nicht glücklich macht, kann weg". In ihrem Buch erfahren wir dann, dass es um Billie, einer Frau mit festen Prinzipien geht. Rituale Regeln des Alltags und Freundschaften findet sie überflüssig. Besuche oder sonstige Störungen ihres Lebens mit Ehemann Thilo lehnt sie grundsätzlich ab. Als ihr Sohn Jonas sie bittet, ein paar Monate nach Köln zu kommen und ihren Enkel August zu hüten, schlägt ihr mütterliches Herz höher und sie springt über ihren Schatten. In Köln trifft sie auf ein kunterbuntes Haus, ein vorwitziges Kind und unkonventionelle Menschen, die anders leben, frei denken und Billies Weltbild aus den Angeln heben. Aber dann fängt es plötzlich an Spaß zu machen, bis an einem Weihnachtsabend alte Geschichten auf den Tisch kommen ..... .

Nach dem kleinen Abendessen, denn wie schon erzählt, war es zum Mittagessen deutlich zu viel, gehen wir zur Gastkünstlerin „Miss Chantal", auf Decke 9 bis 11, um ihrem Thema „von der Wiege zur Bühne" zu lauschen. Wenn sie schon immer mal wissen wollten, wie man(n) zur Travestie kommt, dann werden sie staunen was Miss Chantal dazu alles zu berichten hat, denn sie wird aus ihrem Nähkästchen plaudern und erzählen wie es bei ihr so angefangen hat. Mit Geschichten aus ihrem Leben, Garderobengeheimnissen und witzigen Kapiteln zu ihrer Geschichte. Sind es gar zu 100 % wahre Lügen! Natürlich mit viel Musik und Songs die ihr Leben begleitet haben. Sie ist ein echter Augenschmaus und ein Garant für die Lachmuskeln.

Der Abschluss unseres Abends findet ebenfalls im Theatrium auf Deck 9 bis 11 statt, denn da lassen wir uns vom Gesang, den Tänzern und Akrobaten, akustisch und optisch verwöhnen. Es ist auch diesmal wieder ein ganz toller und spektakulärer Auftritt aller Künstler, den wir nur allen Gästen auf der Aida Sol empfehlen können.

Am 14.06 erreichen wir um 13 Uhr den Hafen von Reykjavik, an dem wir eine gute Stunde früher als geplant anlegen. Leider sehen wir bei der Hafeneinfahrt nicht wirklich viel, denn wir haben leichten Nebel, diesiges Wetter bei starker Bewölkung und das bei einer maximalen Außentemperatur von 10 °C. Die Hauptstadt Reykjavik liegt auf 64° 9' Nördliche Breite und 21° 56' Westliche Länge. Die Sonne geht in Reykjavik um 2:56 Uhr auf und um 0:00 unter, somit gibt es nur noch rund drei Stunden dunkle Nacht. Wir haben hier sogar zwei Tage Zeit um die Hauptstadt des Landes zu erkunden, denn am nächsten Tag um 17:30 Uhr müssen erst alle an Bord sein, weil das Kreuzfahrtschiff um 18 Uhr ablegt. Hier im Hafen steht uns ein Shuttlebus vom Schiff bis in die City der Stadt unentgeltlich zur Verfügung. Leider ist die Anzahl der Busse sehr begrenzt und so bilden sich lange Warteschlangen vor dem Bus, der uns in die City von Reykjavik bringen soll. Wir reihen uns in die Warteschlange ein und bekommen teilweise lautstark mit, mit welcher Unzufriedenheit die Gäste der Aida Sol auf den Bus warten. Sogar der Hoteldirektor läuft herum und versucht die Gäste ein wenig zu beruhigen und zu informieren. Da haben wir Zeit ein wenig über Island und der Hauptstadt Reykjavik nachzudenken.

Island (übersetzt Eisland) ist ein Inselstaat im äußersten Nordwesten Europas. Die rund 103 000 Quadratkilometern Fläche der Insel bestehen aus 100 250 km² Landfläche und 2750 km² Wasserfläche. Mit einer Fischereizone von 758 000 Quadratkilometern ist Island, nach dem Vereinigten König-reich, der flächenmäßig zweitgrößte Inselstaat Europas. Die Hauptinsel Islands ist die größte Vulkaninsel der Erde und befindet sich nur knapp südlich des nördlichen Polarkreises. Island ist Mitglied der EFTA, des Europäischen Wirtschafts-raums, des Nordischen Rates sowie Gründungsmitglied der NATO.

Mit knapp 400 000 Einwohnern liegt Island bei einer Bevölkerungsdichte von 3,88 Einwohnern pro km² und ist somit der am dünnsten besiedelte Staat in Europa und einer der am dünnsten besiedelten Staaten der Welt. Über 60 Prozent der isländischen Bevölkerung leben in der Hauptstadtregion von

Reykjavík. Die Besiedlung durch Menschen begann erst im 9. Jahrhundert.

Island ist hinsichtlich Lebensstandard und Pro-Kopf-Einkommen einer der führenden Staaten der Welt. Das Entwicklungsprogramm der Vereinten Nationen zählt Island zu den Ländern mit sehr hoher menschlicher Entwicklung.

Geographisch gehört Island zu Nordeuropa, geologisch zugleich zu Europa und Nordamerika, geopolitisch zu den Nordischen Ländern und kulturell zu Nordwesteuropa, insbesondere zu Skandinavien. Der Inselstaat befindet sich südöstlich von Grönland. Nordöstlich liegt die Insel Jan Mayen, östlich befindet sich Norwegen, südöstlich liegen die Färöer, Großbritannien und Irland. Zwischen Grönland und Island liegt die Dänemarkstraße. Nördlich von Island liegt die Grönlandsee, östlich das Europäische Nordmeer, ersteres ein Nebenmeer des Arktischen Ozeans, letzteres des Atlantischen Ozeans. Südlich beginnt der Nordatlantik. Der längste Fluss ist die Þjórsá mit 230 km. Die höchste Erhebung der Insel ist der Hvannadalshnúkur mit 2110 m. Die Küstenlänge beläuft sich auf rund 4.970 km.

Die Landschaft ist durch Vulkanismus und großen Wasserreichtum geprägt. So gibt es zahlreiche, zum Teil aktive Vulkane, Flüsse, Seen und beeindruckende Wasserfälle. Darunter ist mit dem Dettifoss der energiereichste Wasserfall Europas, gemessen am Wasservolumen pro Sekunde mal Fallhöhe. Das Isländische Hochland im Zentrum der Insel bildet eine Periglazial-Wüste und ist nahezu unbewohnt. Eine hohe Anzahl von Gletschern prägt das Gesicht der Insel.

Die Küstenlinie ist im Bereich der isländischen Fjorde stark zerfurcht. Neben der Hauptinsel gibt es eine Reihe kleinerer Inseln, darunter die Westmännerinseln (Vestmannaeyjar). Diese bewohnte Inselgruppe liegt südlich der Hauptinsel und umfasst vierzehn Inseln, zudem Schären und Felsen.

Das Klima auf Island ist ozeanisch kühl, geprägt vom relativ warmen Irmingerstrom (5 °C) an der Südküste und vom kalten Grönlandstrom an der Nordost- und Südwestküste. Die Niederschläge betragen bis zu 2000 mm im Jahr in den Niederungen im Süden und bis zu 4000 mm auf dem Vatnajökull. Die geringste Niederschlagsmenge, mit 600 mm, findet man auf den Hochebenen im Norden von Island.

Aufgrund des warmen Golfstroms ist das Klima in Island milder als in vergleichbaren Regionen dieser Breitengrade. Die Winter sind vergleichsweise mild und die Sommer eher kühl. In den letzten Jahrzehnten macht sich die globale Erwärmung durch einen leichten Anstieg der Durchschnittstemperaturen bemerkbar, was am Rückzug einzelner Gletscherzungen bis hin zum völligen Abschmelzen kleinerer Gletscher (beispielsweise der heute verschwundene Okjökull) zu beobachten ist. Am wärmsten ist es in Island in der Zeit von Mitte Juni bis Ende August/Mitte September.

Die Tagestemperaturen schwanken zwischen 0 und 3 °C im Winter und zwischen 12 und 15 °C im Sommer, wobei es im Landesinneren teils deutlich kühler sein kann. Im Sommer treten in einigen privilegierten Lagen auch wesentlich höhere Temperaturen von über 20 °C auf. Vor allem wegen des Golfstroms fällt im Süden der Insel vergleichsweise selten Schnee.

Die geringsten Niederschläge fallen in Island in den frühen Sommermonaten, wobei es hier signifikante lokale Unterschiede gibt. Im Nordosten ist es tendenziell trockener, da sich die von Süden kommenden Wolken häufig über dem 8 100 km² großen Gletscher Vatnajökull ausregnen. Auch die Sonnenscheindauer ist daher etwa im Gebiet des Sees Mývatn höher als in anderen Regionen des Landes. Bei Nordwind ist der Effekt genau umgekehrt, denn im Norden regnen sich dann die Wolken ab, während es in den südlichen Regionen sonnig und warm ist (Föhn).

Die Tier- und Pflanzenwelt Islands ist, im Vergleich etwa zu Mittel- und Südeuropa, wenig artenreich. Vor der Besiedlung durch den Menschen gab es nur Vögel, Fische, Insekten, Robben, Polarfüchse und manchmal Eisbären, die zufällig mit einer Eisscholle von Grönland hierhergetrieben waren. Mit den Menschen kamen die Haustiere, insbesondere Schafe und Pferde, aber auch Mäuse und Ratten wurden auf Schiffen eingeschleppt.

Anders als bei anderen Tierklassen ist die Vielfalt der Vögel beeindruckend groß. Im Landesinneren leben z. B. Rotdrossel, Kurzschnabelgans und das Alpenschneehuhn, in den Küstenregionen sind unzählige Seevögel zu finden.

Der Polarfuchs ist ein Landsäugetier, dessen Population in Island heute um die 10 000 Exemplare umfasst. Er besiedelte vermutlich unabhängig vom Menschen Island und erreichte es während der kühlerer Klimazeiten, wie der Kleinen Eiszeit, über das gefrorene Polarmeer. Der aus Pelztierfarmen entwichene Amerikanische Nerz gefährdet auf der Insel die Vogelwelt. An der Küste, insbesondere im Norden der Insel, kann man häufig Seehunde beobachten. Das gewaltige Walross wurde auf Island schon früh, durch die Wikinger, ausgerottet. Dafür haben sich Mäuse und Ratten, durch die Schifffahrt, auf der ganzen Insel leider gut verbreitet.

Die nordischen Siedler führten bei der Landnahme alle Nutztiere auf der Insel ein, darunter auch die heutigen Islandschafe. Bis heute überlässt man die gut markierten Tiere den kurzen Sommer über sich selbst und sie ziehen innerhalb festgelegter Landwirtschaftsbezirke frei umher. Überwinden sie jedoch die trennenden Zäune oder natürlichen Hindernisse, wie Flüsse, Wüsten und Berge, dann werden sie zur Seuchenprävention auf der Stelle getötet. Beim Viehabtrieb im Herbst fängt man die Tiere wieder ein. Die Haltung der Schafe ist quotiert, um eine Überweidung zu verhindern.

Ein Wandel des Klimas und die Rodung der ursprünglichen Birkenwälder, mit anschließender extensiver Beweidung, hat das Landschaftsbild Islands dauerhaft verändert. 1771 brachte man 13 Rentiere aus Norwegen ins Land und hoffte auf rasante Vermehrung, um sie bejagen zu können oder aus ihrer Haltung anderweitig Nutzen zu ziehen. Heute leben etwa 3 000 Rentiere wild im östlichen Hochland der Insel, doch die erhoffte wirtschaftliche Bedeutung wurde nie erreicht. Anfang des 20. Jahrhunderts versuchte man auch, den Moschusochsen anzusiedeln, jedoch ohne größeren Erfolg.

Island ist die Heimat des Islandpferdes. Als eine von nur wenigen Pferderassen beherrscht es den Tölt, eine trittsichere, langsame bis schnelle Gangart ohne Sprungphase. Das Pferd hat also immer ein Bein am Boden, was für den Reiter sehr bequem ist und seinen Rücken schont. Islandpferde dürfen wie alle lebenden Nutztiere zwar aus-, aber niemals wieder eingeführt werden. Dies soll das Einschleppen von Krankheiten, sowie eine Vermischung durch fremdes Erbgut, der reinrassigen Islandpferde, verhindern.

Island ist berühmt für seine reichhaltige Vogelwelt, besonders die zahlreichen Vogelfelsen sind ein Magnet für Vogelbeobachter aus der ganzen Welt. Als bekanntester Vogel Islands gilt der Papageientaucher. An den Vogelfelsen finden sich zudem Trottellummen, Dickschnabellummen, Eissturmvögel, Gryllteisten oder der Basstölpel ein.

Im Landesinneren trifft man auf das Alpenschneehuhn, den Goldregenpfeifer, das Odinshühnchen, das Thorshühnchen, und an Gletscherseen ist der Sterntaucher zu beobachten. Auf den Sandern muss man sich vor den Angriffen von Skuas und Küstenseeschwalben in Acht nehmen. Drei nordamerikanische Arten, Eistaucher, Kragenente und Spatelente, haben auf Island ihr einziges europäisches Brutvorkommen.

Der See Mývatn ist für seinen ungewöhnlichen Artenreichtum an Wasservögeln (z. B. Bergenten und Spatelenten) bekannt. In den Frühjahrs-, Sommer- und frühen Herbstmonaten findet man an diesem See die weltweit größte Vielfalt an Entenarten. Ein Drittel der Enten- und Säger-Arten überwintert dort. Die Greifvogelwelt Islands ist ebenfalls beachtlich, so kommen hier der Gerfalke und Merlin relativ häufig vor.

Weil der warme Golfstrom und der kalte Ostgrönlandstrom vor der Küste Islands aufeinandertreffen und Nahrung mitbringen, sind die Gewässer um die Insel besonders fischreich. Des Weiteren ist das Wasser kaum mit Schadstoffen belastet, weshalb im Meer um die Insel rund 270 Fischarten leben. Pflanzen wachsen im Meer bis zu einer Wassertiefe von 40 m. Die Islandmuschel ist eine Besonderheit, denn sie kann ein Alter von über 500 Jahren erreichen.

In den noch sehr gesunden isländischen Meeresgewässern leben zahlreiche Walarten, wie zum Beispiel der Nördliche Zwergwal, Blauwal, Finnwal, Seiwal, Buckelwal, Schweinswal, Weißschnauzendelfin, Weißseitendelfin, Grindwal, Schwertwal, Nördlicher Entenwal und der Pottwal. Aktuellen Bestandszählungen zufolge leben in den Gewässern um Island rund 50 000 Zwergwale und 17 000 Finnwale. Insgesamt wird die Zahl der Wale wird auf rund 230 000 geschätzt.

1982 einigten sich die Mitglieder der Internationalen Walfangkommission (IWC) darauf, sämtliche kommerziellen Walfangaktivitäten ab der Jagdsaison 1986 zu verbieten. Island legte, im Gegensatz zu anderen Ländern, damals keinen Einspruch gegen diese Entscheidung ein. Nachdem das Moratorium in Kraft getreten war, erlegten isländische Walfänger im Rahmen eines wissenschaftlichen Walfangprogramms in kleinem Maßstab weiterhin Wale vor seinen Küsten. 1992 trat Island aus dem IWC aus, zehn Jahre später, 2002, aber erneut bei, jedoch mit einem Vorbehalt gegen das Moratorium. 2006 beschloss Island, zusätzlich zum wissenschaftlichen auch den kommerziellen Walfang wieder zuzulassen. 30 Zwergwale und neun Finnwale, die zu den bedrohten Arten zählen, dürfen vor den Küsten getötet werden, allen weltweiten Protesten zum Trotz. Von 2013 bis 2016 wurden im Durchschnitt 27 Zwergwale getötet und in den Jahren 2013 bis 2015, 2018 und 2022 durchschnittlich etwa 143 Finnwale erlegt.

Whale-Watching ist inzwischen eine sehr wichtige Attraktion der Tourismusindustrie im Land geworden. 200 000 Touristen sorgen jährlich für einen Umsatz von ungefähr 14 Millionen Euro. Da die Anbieter von Walbeobachtungstouren einen Einbruch der Besucherzahlen befürchten, wird in Island selbst inzwischen über die Einstellung des Walfangs diskutiert. In den Jahren 2019 bis 2021 wurde der Walfang ausgesetzt.

In Islands Binnengewässern ist der Artenreichtum an Fischen nicht so groß wie vor den Küsten. In den Flüssen und Seen leben Aale, Forellen, Lachse, Stichlinge und Saiblinge, also fast ausschließlich lachsartige Fische, die teilweise für Wochen und Monate ins Meer wandern.

Die Flora Islands weist einige endemische Arten auf. Besonders häufig trifft man unterschiedliche, in verschiedenen Farben wachsende Flechten und Moose an. Mit den Eiszeiten sind die meisten der den gemäßigten und subtropischen Zonen angehörenden Pflanzenarten von der Insel verschwunden, darunter auch Mammutbaum und Ahorn. Die restlichen Pflanzenarten waren und sind dem rauen Klima bestens angepasst. Man findet zum Beispiel zahlreiche Steinbrecharten und auch diverse Unterarten des Leimkrauts, zum Beispiel ist das Einblütige Leimkraut, eine der ersten Pflanzenarten, die Lavafelder besiedeln und daher viel im Hochland zu finden sind. Auch die Doldengewächse sind an feuchten Bachrändern und Seeufern verbreitet. Besonders beliebt ist die Engelwurz, die man traditionell auch zur Teeherstellung und als Heilkraut kennt. Auf den Hofwiesen blüht sehr viel Löwenzahn und in den Bergen das Alpenröschen. Die im Juni in großen Mengen violett blühenden Lupinen (meist die Alaska-Lupine) wurden allerdings erst nach dem Zweiten Weltkrieg eingeführt. Sie fixieren mit ihrem dichten Wurzelwerk den tonarmen und dadurch stark der Windverwehung ausgesetzten Mutter- und Wüstenboden. Sie dienen der Stickstoffanreicherung und helfen beim Kampf gegen die Erosion. Die Lupinen gelten inzwischen aber als invasive Art, da sie die lokalen Ökosysteme bedrohen, so können keine Bäume zwischen ihnen wachsen. Außerdem wurden Dünengräser, vor allem Strandroggen, gesät, um der Winderosion zu begegnen.

Auffallend für die Augen der Mitteleuropäer ist der Mangel an Wäldern. Noch zur Zeit der Landnahme waren etwa 20 % des Landes bewaldet. Die alten Chroniken berichten gar, das Land sei von der Küste bis in die Berge bewaldet gewesen. Hauptsächlich fand man ausgedehnte Birkenwälder vor, wie Forschungen nachgewiesen haben. Durch Rodungen zur Weidelandgewinnung, für Brennholz und zur Holzköhlerei verschwanden diese Wälder sehr rasch. Die anschließende Beweidung ließ Sprösslinge nicht mehr hochkommen, so dass die Insel bereits nach wenigen Jahrhunderten der Besiedlung völlig entwaldet war. Nur spärliche Reste der niedrig wachsenden Birkenwälder überlebten. Lediglich an einigen, oft abgelegenen Stellen, vor allem am See Lagarfljót in Ostisland, dem Vaglaskógur, im Nordosten sowie in den Westfjorden findet man noch zusammenhängende Waldflächen, bestehend aus Birken, Ebereschen und der Woll-Weide. Bauholz wurde aus Norwegen eingeführt, und geeignetes Treibholz für Zimmer- und Tischlerarbeiten genutzt. Heute bemüht man sich um die Wiederaufforstung des Landes, wobei das Projekt „Hekluskógar" zur Bepflanzung der Umgebung des Vulkans Hekla eines der größten ist. Theoretisch wäre eine Fläche von 40 000 km² für die Anlage von Wäldern geeignet. 2015 waren auf Island 492 km² von Wald bedeckt, was im Vergleich zu 2000 (288 km²) und 1990 (161 km²) eine deutliche Zunahme der bewaldeten Fläche bedeutet. Vor allem im Norden und Osten, aber auch am Skorradalsvatn oder im Krossátal am Bergrücken Þórsmörk im Süden des Landes wurden dabei schon gute Erfolge erzielt. Bis zum Jahr 2100 sollen bereits wieder 12 % des Landes mit Wald begrünt sein.

An warmen Quellen und Bächen stößt man häufig auf eine
üppige Vegetation, vorausgesetzt die Beschaffenheit des
Bodens lässt es zu. Die Nutzung der Erdwärme mittels auf-
geheiztem Wasser nutzt man in Island u.a. für Gewächshäuser.
Dadurch wachsen knapp unterhalb des Polarkreises sogar
Bananenstauden, die damit die nördlichsten der Welt sind, aber
auch Schnittblumen und selbst Weinreben werden hier
gezüchtet. Besonders gut lässt sich die Pflanzen- und Tierwelt
in den drei großen Nationalparks Islands beobachten.

Die isländische Sprache ist eine nordgermanische Sprache und
die einzige einheimische Sprache, deshalb ist sie auch die
Amtssprache des Landes. Entwickelt hat sich diese Sprache aus
dem Altnordischen. Noch heute können Isländer Texte aus den
ersten Jahrhunderten nach der Besiedlung des Landes ohne
größere Probleme lesen, da sich die Schriftsprache seit der
Einwanderung vor über 1 100 Jahren kaum geändert hat.
Erklärbar ist dies durch die isolierte Lage der Insel im Nordatlantik. Die Aussprache hat sich jedoch in dieser Zeit durchaus
gewandelt.

Als eindeutiger Entdecker Islands gilt der schwedische
Wikinger Gardar Svavarsson, der um 870 in Húsavík in
Nordisland überwinterte und die Insel nach sich selbst
Garðarsholmur (Gardarsholm) benannte. Der nächste
Entdecker Flóki Vilgerðarson fuhr aus, um mit Hilfe dreier
Raben Garðarsholmur (Island) zu finden. Ein Bericht über
diese ausgefallenen Navigationsmethoden findet sich im
Landnámabók. Nach den schriftlichen Quellen wurde Island im
späten 9. und frühen 10. Jahrhundert durch Auswanderer aus
Norwegen und anderen skandinavischen Ländern sowie durch
keltische Siedler bevölkert. Archäologisch ist jedoch eine noch
frühere Besiedlung nachweisbar. Auf den Westmännerinseln
wurden die Grundmauern eines typisch norwegischen Lang-
hauses unterhalb einer Lavaschicht aus dem 7. Jahrhundert
entdeckt. Auf die Zeit um 900 reichen die deutschisländischen
Beziehungen zurück. Während andernorts in Europa
Monarchen herrschten, steht am Anfang der isländischen

Geschichte die einzigartige Entwicklung eines oligarchischen Gesellschaftssystems. Nach der Demokratie im Griechenland des Altertums ist das Althing als Versammlung gleichgestellter Goden zusammen mit dem färöischen Løgting eines der ersten parlamentarischen Systeme in Europa. Die sowohl gesetzgebende als auch rechtsprechende Versammlung trat alljährlich in Þingvellir zusammen. Eigentliches Entscheidungsorgan war dabei die Lögrétta, die Versammlung der Goden. Zunächst waren es 36 an der Zahl, dann 39. Seit der Ernennung von Bischöfen für Island, im Jahr 1056 kamen diese noch hinzu. Bei Diskussionen und Verhandlungen, die jeder Entscheidungsfindung vorangingen, wurden die Goden von je zwei Assistenten unterstützt. Daneben waren sie auf die Unterstützung ihres Gefolges freier Männer angewiesen. Jedoch Unfreie, die einen erheblichen Teil der Bevölkerung bildeten, sowie Frauen und Kinder durften am demokratischen Prozess nicht teilnehmen.

Das Godentum, das sich im Zuge der Landnahme durch 400 norwegische Häuptlingsfamilien entwickelt hatte, überdauerte fast 300 Jahre. Es endete erst mit der Unterwerfung durch die Norweger im Jahre 1262. In diesem Zusammenhang spielte der in Reykholt beheimatete Snorri Sturluson, eine der wichtigsten politischen Persönlichkeiten dieser Zeit, eine entscheidende Rolle.

Der Sage nach entdeckte Erik der Rote im Jahr 982 n. Chr. von Island aus Grönland. Tatsächlich war der erste Seefahrer, der nach Ostgrönland segelte, Gunnbjörn Úlfsson, nach ihm folgte Snæbjörn Galti, der dort sein Winterquartier aufschlug. Immerhin umrundete Erik der Rote die Südspitze der Insel und erreichte so die grönländische Westküste.

Im Jahre 1000 landete der Isländer Leifur Eiríksson an der Nordspitze von Neufundland und gründete dort, eine nicht dauerhafte, Ansiedlung an der Stelle des heutigen L'Anse aux Meadows. Schon etwas früher hatte Bjarni Herjúlfsson den neuen Kontinent entdeckt. Er hatte sich verirrt, sah die amerikanische Küste, landete dort aber nicht, sondern kehrte nach Grönland zurück. Im selben Jahr beschlossen die Isländer durch das Althing in Þingvellir die Annahme des Christentums.

1262 kam Island unter norwegische Herrschaft. Im Jahre 1380 kam Norwegen unter dänische Herrschaft. 1397 entstand die Kalmarer Union, und Island wurde mit Norwegen unter dänischer Krone regiert.

Island ist seit dem 17 Juni 1944 eine unabhängige parlamentarisch-demokratische Republik. Das Althing, die Legislative, besteht aus 63 Abgeordneten. Die Judikative ist in Island zweistufig gegliedert. Die Bezirksgerichte bilden die untere Ebene. Das Obergericht Hæstiréttur, der oberste Gerichtshof, fungiert auch als Verfassungsgericht. Staatsoberhaupt ist der isländische Präsident. Die Regierungsgeschäfte führt der isländische Premierminister.

Reykjavík ist die Hauptstadt Islands und die am nördlichsten gelegene Hauptstadt der Welt und sie liegt nur 269 km südlich des nördlichen Polarkreises. Die Stadt bildet mit einigen ländlichen Gebieten und etlichen Inseln die Gemeinde Reykjavikurborg und die isländische Stadt Reykjavik. Reykjavikurborg ist die mit Abstand größte Gemeinde in dem weitere sieben Gemeinden umfassenden Gemeindeverband Höfuðborgarsvæðið, was übersetzt Hauptstadtgebiet oder Hauptstadtbereich bedeutet. In diesem dicht besiedelten Gemeindeverband leben rund 50 % der Inselbewohner.

Der Name Reykjavik ist das isländische Wort für Rauchbucht, er begründet sich von den Dämpfen der heißen Quellen in der Umgebung und wird einem Missverständnis des ersten Siedlers Ingólfur Arnarson zugeschrieben. Die Stadt ist die älteste permanente Besiedlung des Landes. Die ersten Siedler landeten hier im Jahre 870 nach Christus, die Bewohnerzahl wuchs aber nur sehr langsam, deshalb wurde die Siedlung erst 1786 zur Stadt erhoben. Reykjavik ist mit rund 140 000 Einwohnern die größte Stadt Islands und hier lebt knapp 40 % der Bevölkerung.

In der Hauptstadt des Landes befinden sich die meisten Fakultäten der Universität und verschiedene andere Hochschulen, Theater, Museen und Kultureinrichtungen, sowie ein Hochseehafen und ein internationaler Flughafen.

Wirtschaftlich gesehen befinden sich in Reyklavik vor allem Dienstleistungsunternehmen, Fischerei- und High-Tech-Industrie, unter anderem gentechnische und biotechnische Labors. Reykjavik ist die Stadt mit dem weltweit höchsten Autoaufkommen pro Kopf, deshalb gibt es bis zu sechsspurige Stadtautobahnen. Die Ringstraße Nr. 1 führt durch die Außenbezirke der Stadt. Sie erstreckt sich nach Osten weiter über die Hellisheiði Richtung Selfoss und nach Nordwesten Richtung Akranes und Borgarnes, wobei sie das Reykjavik überragende Bergmassiv der Esja umrundet. Die Staatsstraße zum internationalen Flughafen Keflavík ist bereits vierspurig ausgebaut.

Zudem hat die Stadt Reykjavik ein effizientes öffentliches Verkehrssystem in Form eines Bussystems mit fünf dezentralen Busbahnhöfen und einem Fernbusbahnhof, dem BSÍ, sowie einen Inlandsflughafen in der Nähe von Tjörnin. Er ist der zweitgrößte Flughafen des Landes und befindet sich innerhalb der Stadt, südlich des Zentrums. Flüge von dort gehen auch nach Grönland und zu den Färöern Inseln. Er wurde von den britischen Streitkräften während des Zweiten Weltkriegs in den damaligen Randgebieten der Stadt gebaut. In der Diskussion ist die Verwendung, der in Island viel billigeren Energiequelle Strom, für den öffentlichen Nahverkehr, der für den Ausbau der Borgarlína zum Einsatz kommen wird. Inzwischen wird auch schon Wasserstoff als Antriebsquelle für Busse getestet.

Reykjavik ist Ausgangsort für viele Ausflüge zu Land und auf dem Meer, wie zum Beispiel Walbeobachtungen, die inzwischen einen wichtigen Faktor in der Wirtschaft Islands darstellen.

Reykjavik besitzt gleich zwei Seehäfen, den alten Hafen in der Nähe des Stadtzentrums, der hauptsächlich von Fischern und Kreuzfahrtschiffen genutzt wird, und Sundahöfn im Osten der Stadt, der größte Frachthafen des Landes.

Die großen Wasservorkommen und die vulkanische Aktivität eröffnen Island viele Möglichkeiten. Ob zum Heizen der Häuser, Büros, Firmen, oder zum Betreiben der Gewächshäuser. Die meisten Häuser der Stadt nutzen das geothermische Heizsystem und es ist das größte dieser Art auf unserem Planeten.

Nun sind wir endlich dran mit dem Einstieg in den Bus, der uns in wenigen Minuten bis zur City von Reykjavik fährt. Er hält direkt vor dem modernen vollverglasten Konzert- und Konferenzhaus Harpa am Wasser. Schon während der Busfahrt, wie auch bei der Einfahrt unseres Kreuzfahrtschiffes in den Hafen von Reykjavik, sehen wir eine sehr unerwartete Skyline mit Hochhäusern dieser Stadt. Bin sehr erstaunt sowas hier auf Island zu sehen. Insgesamt macht Reykjavik einen sehr modernen, geschäftigen und gepflegten Eindruck auf mich.

Harpa, das Konzert- und Konferenzhaus in Reykjavik wurde 2011 neueröffnet und genutzt als Opern- und Konzerthaus. Das Gebäude beherbergt sowohl das Isländische Sinfonieorchester als auch die isländische Oper und gilt mit der vom Künstler Ólafur Elíasson gestalteten Fassade als architektonische Attraktion und neues Wahrzeichen der Hauptstadt von Island.

Das 43 Meter hohe Gebäude besteht aus zwei leicht versetzten quaderförmigen Teilen mit schrägen Kanten. Es enthält im Innern einen großen Konzertsaal mit 1800 Sitzplätzen und 3 kleinere Konzerträume, sowie ein Konferenzzentrum mit Dolmetscherkabinen, in der bis zu 9 Sprachen übersetzt werden können. New Yorker Akustikplaner haben ein vollautomatisches System entwickelt, das sich unter anderem mit Hilfe von Filzwänden und Klappen zur Optimierung jeder Art von Musik einstellen lässt. Auffallend ist die Umhüllung des

Gebäudes, die von dem isländischen Künstler Ólafur Elíasson, inspiriert von den unterschiedlichen Lichtstimmungen seiner Heimatinsel, entworfen wurde. Sie besteht aus einer wabenartigen Struktur aus dichroitischem Glas, das je nach Wetter auf die wechselnden Tageslichtfarben reagiert.

Dieses Farbeffektglas lässt bestimmte Wellenbereiche des Lichtes durch, andere werden reflektiert, so dass sich je nach Witterung und Blickwinkel die Farbe des Glases ändert. Verursacht wird dieses lebendige Farbspiel durch Interferenzschichten, festhaftende Metalloxidschichten, die im Tauchbeschichtungsverfahren auf eine Glasplatte aufgebracht werden. An Reykjaviks Konzerthaus kam das Spezialglas in den Varianten gelb, orange und grün zum Einsatz. Diese Farben sind in der direkten Durchsicht zu sehen, in der Reflexion erscheinen die jeweiligen Komplementärfarben.

Nicht nur wegen der hohen Baukosten von rund 160 Millionen Euro, dessen Kredit erst nach 35 Jahren abgezahlt sein wird, sondern auch wegen der modernen Architektur wurde das Bauwerk zunächst von der Bevölkerung kritisiert. Zudem gefiel den Bewohnern auch die Lage des Objektes nicht, weil es am alten Hafen direkt am Wasser liegt, nimmt es wegen seiner Größe den Einwohnern der Stadt Licht und schränkt die Sicht von der Innenstadt auf das Meer und die dahinterliegenden Berge ein. Schnell galt die Harpa jedoch als Symbol für die Zukunft und ließ Island hoffen, die Wirtschaftskrise zu überwinden, was auch tatsächlich schnell eintrat. Heute ist die Akzeptanz nicht nur bei Musikern und Tonmeistern, sondern auch bei Touristen sehr hoch. Letztere werden durch tägliche stattfindende Mittagskonzerte und Architekturführungen in mehreren Sprachen angezogen.

2011 gab es die Auszeichnung des World Architecture Community Award von der World Architecture organization für das moderne und zukunftweisende Bauwerk.

Zudem gewann es den Arkitekturmässan Award, 2011 für die Auszeichnung des besten öffentlichen Raum bei einem Gebäude in den nordeuropäischen Ländern, sowie den Mies-van-der-Rohe-Preis 2013 von der Europäischen Union für die sehr gelungene zeitgenössische Architektur.

Gleich neben dem Harpa wird ein weiteres spektakuläres und futuristisches Haus, mit einer Außenfassade aus Felssteinen und Glas gebaut, dessen Fertigstellung kurz bevorsteht. Dieses mehrstöckige Flachdachbauwerk schreit geradezu nach weiteren Architekturpreisen, denn es ist einzigartig, speziell und sieht toll aus.

Wir laufen auf kurzem Wege in die Innenstadt und stehen recht schnell in der farbenprächtigen und bunten Shoppingmeile. Die Geschäftshäuser hier sind meistens im klassischen bunten Nordischen Stil gebaut, der mir sehr gut gefällt. Alle weltweit bekannten Marken lassen sich hier finden, aber auch ganz spezielle landestypische Verkaufshäuser, mit beispielsweise Produkten der Wikinger, gibt es hier. Es gibt selbstverständlich auch ein Hard Rock Café in der City, das sich allerdings in einem super modernen und teilverglasten Haus an der Hauptstraße befindet.

Die Fußgängerzone führt aus dem Einkaufszentrum vor dem Hafen hinauf bis fast zur Hallgrims-Kirche. Der Bodenbelag ist hier in Regenbogenfarben angestrichen und dies hat seine Bedeutung.

Denn Island ist berühmt für seine Gleichberechtigung und seine Partys. Das jährliche Gay Pride Festival verbindet und zelebriert beides und könnte kaum fantastischer sein. Hier finden Sie alles, was Sie über das Regenbogen-Island wissen sollten!

Gay Pride in Island oder eher Reykjavík Pride, wie es offiziell heute genannt wird, ist ein großes jährliches Event im nationalen Kalender. Hier werden Liebe, Vielfalt, Glück und

Gleichberechtigung gefeiert und die Isländer nehmen es sehr ernst. Sollten sie Island je während des zweiten August-Wochenendes besuchen, dann setzen sie unbedingt die Gay Pride-Parade auf ihre Reiseliste!

Das erste Mal wurde Gay Pride im Jahr 1999 gefeiert, in dem ein queeres Wochenende stattfand. Ungefähr 1 500 Menschen nahmen damals an der Feier teil, im darauffolgenden Jahr zur ersten Parade waren es dann schon 15 000 Feiernde. Heute ist die Parade ein jährliches Event, das von vielen sehnlichst erwartet wird und eines der am besten besuchten Festivals der Insel ist.

In einer so offenen Gesellschaft wie der Islands, sind "Coming Outs" viel häufiger und in einer so engen Community kennt schnell jeder jeden. Dadurch kennt fast jeder Isländer mindestens eine Person aus der queeren Community, was dabei hilft Vorurteile abzubauen und schließlich ganz verschwinden zu lassen.

Hier findet die Gay Pride-Parade zur Mittagszeit statt und beginnt am Hlemmur, um dann den Laugarvegur zur Arnarhóll hinunter zu führen, wo schließlich ein großes Konzert auf dem Platz stattfindet. Der perfekte Ort um die ganzen Acts beobachten zu können, die dem Ende der Parade folgen und entlang der Haupteinkaufsstraße Islands ablaufen, ist der Hang des Arnarshóll.

Auf jeden Fall laufen wir erst einmal weiter mit dem Strom der Fußgänger zur extrem auffälligen Hallgrims-Kirche, dessen Frontseite aus lauter einfachen Rundbetonsäulen in steigender Form zum Glockenturm verlaufen.

Die Hallgrims-Kirche ist eine evangelisch-lutherische Pfarr-kirche der Isländischen Staatskirche, außerdem ist sie das größte Kirchengebäude Islands und das zweithöchste Gebäude des Landes nach dem Smáratorg-Turm. Sie nimmt auch den sechsten Platz des größten Bauwerks des Landes ein.

Die Planungsarbeiten begannen 1929, der Bau 1945. Die Krypta, die sich unter dem Chor befindet, konnte 1948 eingeweiht werden. Der Kirchturm wurde 1974 fertiggestellt. Erst 1986 wurde das Kirchenschiff vollendet. Über 60 % der Baukosten wurden durch Spenden aufgebracht.

Die Kirche wurde nach dem isländischen Kirchenlied-Dichter Hallgrímur Pétursson, der von 1614 bis 1674 lebte, benannt.

Entworfen wurde das Gebäude von dem Staats-Architekten Guðjón Samúelsson, der seinen Entwurf 1937 vorlegte. Im äußeren Erscheinungsbild dominiert der expressionistische Stil, ähnlich der Grundtvigskirche in Kopenhagen, die 1940 fertiggestellt wurde. Auffallend ist die Ähnlichkeit der Betonpfeiler, die sich in großer Zahl um den Turm der Hallgrímskirkja aneinanderreihen, mit Basaltsäulen, einem gängigen Motiv der isländischen Landschaft, wobei die weiße Farbe an die Gletscher erinnern soll.

Das Innere der Kirche ist dagegen als konventionelle, dreischiffige Hallenkirche mit zahlreichen gotischen Merkmalen gestaltet, etwa Kreuzrippengewölbe und Spitzbogenfenstern. Die äußeren Seitenschiffe der Basilika treten gegenüber dem breiten Hauptschiff weitgehend zurück. Das sehr helle Innere der Kirche wird durch den weitgehenden Verzicht auf Buntglasfenster erzielt und hinter dem Hauptaltar kann man ungewöhnlicher Weise durch zusätzliche Fenster Himmel und Wolken sehen.

Die Hallgrims-Kirche wurde auf einen Hügel in der Stadt platziert, was ihren 74,5 Meter hohen Turm noch größer erscheinen lässt. Sie prägt so das gesamte Stadtbild Reykjaviks. Vor der Kirche und in ihrer Mittelachse befindet sich eine Statue von Leif Eriksson, die 1930 zur 1000-Jahr-Feier des Althing Island von den Vereinigten Staaten geschenkt und vom amerikanischen Bildhauer Alexander Stirling Calder geschaffen wurde.

Wir machen uns langsam, durch die kleinen Straßen in Richtung unseres Kreuzfahrtschiffes parallel der Hauptstraße, auf den Rückweg. Sehen dort noch sehr viele schöne und interessante Häuser, Restaurants, usw. an. Letztendlich mündet diese kleine Straße in die Hafenstraße und neben dieser verläuft hinter einem Grünstreifen unser Fußweg, parallel des Küstenverlaufes, in Richtung Hafen zur Aida Sol. Unmittelbar verläuft der angenehme Weg am Haus des Künstlers und Filmemacher Hrafn Gunnlaugsson aus Reykjavik vorbei. Das recycelte Haus ist ein aus Schrott gebautes Haus, in dem alles was das Meer angespült hat, oder sonst irgendwo auf einem Schrottplatz kostenfrei erworben wurde, verbaut. Es soll Kunst darstellen, was natürlich reine Ansichtssache eines jeden Einzelnen ist.

Für Silvia war das Wandern und der Fußweg zurück zum Schiff deutlich zu viel, deshalb beschließt sie, dass sie Morgen auf der Aida Sol bleibt und den Tag an Deck des Schiffes genießt.

Am nächsten Morgen starte ich ganz alleine mit dem Bus meine Besichtigungstour und fahre ganz ohne zu warten in die City. Bei bestem Wetter und 12 °C Höchsttemperatur schaue ich mir den Hafen an, die ausgestellte grüne Schmalspureisen-bahn, laufe zur Landakotskirkja, die eigentlich eine Christich-Königliche-Basilika ist. Diese Kathedrale des katholischen Bistums Reykjavik, das ganz Island umfasst, erhielt den Ehrentitel einer päpstlichen Basilica minor im Jahre 1999. Sie liegt auf einem Hügel im Westen der Stadt und ist leicht zu erkennen am flachen Glockenturm.

Anschließend lauf ich Richtung City und um den gut angelegten Stadtsee, dort sind u.a. Museen, weitere sehr schöne und schlichte Kirche zu sehen. Eine davon ist die Freikirche in Reykjavik, die ein Kirchengebäude von der Isländischen Staatskirche unabhängigen lutherischen Freikirche ist. Sie liegt im Zentrum der isländischen Hauptstadt am Tjörnin. Das weiße Gebäude mit grünen Dächern wurde 1901 in gotisierenden

Formen errichtet. Nach mehreren Umbauten, erhielt es 1940 sein heutiges Erscheinungsbild.

Es gibt einige sehr schöne Gebäude hinter der letzten genannten Kirche, die zumeist, in mehrstöckigen und im wunderschönen landestypischen Holzbaustil errichteten Häuser und Villen, zu sehen sind. Einige haben auch sehr tolle Statuen in ihren Vorgärten und sind sogar frei zugänglich. Dies sind in der Regel Gebäude mit öffentlichen Funktionen, die ihre Gäste und Besucher willkommen heißen. In einem gepflegten Einfamilienhaus mit schönem weißen Gartenzaun, steht in dessen Vorgarten ein Berliner Bär in Bronze auf einem rechtwinkligen Granitwürfel, auf dem die Entfernung nach Berlin mit 2380 km angegeben ist. Dachte mir so insgeheim, die Besitzer kommen ganz bestimmt aus Berlin und haben diese Stadt immer noch in ihren Herzen und möchten dies hier gerne zeigen.

Das unscheinbare Regierungsgebäude, das im Jahre 1770 als Gefängnis erbaut wurde, schaue ich mir auch an. Der dänische Verwalter entdeckte und bezog das Gebäude anschließend als Amtssitz und heute ist es der Sitz des Premierministers und des Präsidenten von Island.

Laufe danach am Idno vorbei, das direkt am Tjörninsee liegt und im Jahre 1897 als Gemeinschaftshaus der Handwerkervereinigung errichtet wurde. Dieses schöne Holzhaus sticht sofort ins Auge.

Gleich danach folgt die Nationalgalerie mit ihren rund 5 000 gesammelten Werken, auch von ganz jungen Künstlern, die im ehemaligen Kühlhaus ausgestellt sind.

Mein letzter Stopp in der Stadt liegt hinter dem schönen Stadtsee und ist das Nationalmuseum, in dem die großen volkskundlichen und archäologischen Sammlungen der 1 200-jährigen Geschichte von Island einem näher gebracht werden.

Die Stadt bietet an jedem Eck etwas Schönes und allein über diesen beeindruckenden und interessanten Ort könnte sich leicht ein Buch füllen lassen, aber ich möchte es hiermit in Reykjavik abschließen, zumal ich auch nur noch zur Haltestelle zurücklaufen muss. Auf dem Weg schaue ich mir kurz nochmals die große und beeindruckende Statue des Wikingers an und fotografiere sie. Dann habe ich richtig viel Glück, denn ich kann sofort in den Bus steigen und zurückfahren.

Interessant ist noch zu wissen, dass es unheimlich viele Ausflugsziele um Reykjavik gibt, ganz egal ob es die wunderschönen und entspannenden Thermalquellen sind, die grünen Oasen der Naturschutz- oder Nationalparks, Flüsse, Geysire, Seen oder beeindruckende Wasserfälle, alles ist sehenswert, aber leider nicht in zwei Tagen zu schaffen. Aus diesem Grund haben wir hier die Stadt besichtigt und die wunderschöne und einzigartige Landschaft von Island bewundern wir in einen der nächsten Häfen, in denen wir anlegen werden.

Grundsätzlich können, wie schon erwähnt, die Ausflüge ganz komfortabel über Aida gebucht, oder auf eigene Faust unternommen werden, denn bei zwei Tagen Aufenthalt besteht hier, zumindest am ersten Tag, kein Risiko zu spät zum Schiff zurückzukommen.

Zurück auf der Aida Sol, mache ich noch schnell ein Foto von unserem Schiff aus und fotografiere die wunderschöne Landschaft, die gerade ganz herrlich von der Sonne ausgeleuchtet wird. Anschließend trinke ich im Restaurant erst einmal ein ganz frisches kühles Bier, denn das habe ich mir heute wirklich redlich verdient. An diesem Tag bin auch ich ein wenig platt, weil ich den ganzen Tag auf den Beinen war, deshalb geht es für mich nach dem Abendessen gleich ins Bett.

Über Nacht fahren wir bei relativ ruhiger See nur 188 Seemeilen (348 km) bis Isafjördur und legen bereits um 7:30 Uhr im Hafen an, das sind 30 Minuten früher als geplant, hier schenkt unser Kapitän uns wieder 30 Minuten mehr Zeit. Um

17:30 Uhr müssen alle wieder an Bord sein, denn um 18 Uhr legt unser Kreuzfahrtschiff im Hafen ab. Apropos Hafen, eigentlich ist es nur eine Anlegestell für ein Schiff. Wir befinden uns nun auf dem 66° 5' Nördliche Breite und 23° 7' Westliche Länge bei maximal 9 °C Höchsttemperatur und bewölkten Himmel. In Isafjördur geht das erste Mal die Sonne nicht mehr unter und auch nicht auf, es ist immer hell, auch die ganze Nacht durch, dies nennt man Mitternachtssonne. So ist das im Nördlichen Polarkreis und im Winter wird es dafür monatelang nicht mehr hell und die Sonne zeigt sich erst wieder zum Frühling.

Heute stehen wir extra früh auf und lassen uns von unserem Kapitän nicht austricksen, denn wir haben gelernt, dass er gerne immer früher im Hafen ist als es in der AIDA HEUTE geschrieben steht. Die fantastische Sicht auf die Landschaft genieße ich schon am frühen Morgen, bevor wir in den Hafen hineinfahren. Gewaltige Felsformationen sind zu sehen die im Spiel mit Licht, Schatten und Sonne, Wolken, teilweise schneebedeckt, ganz fantastisch und unheimlich beeindruckend aussehen. Entdecke sogar den einen oder anderen Delphin oder Wal im tiefblauen Meer. Es ist so einzigartig und ergreifend, dass ich bei dem Anblick Gänsehaut bekomme, weil ich dieses tolle Naturschauspiel genießen darf. Muss dabei an die vielen armen Menschen denken die nicht so viel Glück haben und immer nur Zuhause sitzen und sich sowas Schönen niemals anschauen können. Sehr dankbar bin ich, dass ich das Privileg habe hier dabei sein zu dürfen. Es lohnt sich auf jeden Fall etwas früher aufzustehen, um dies alles sehen zu können.

Der kleine Ort Isafjördur, der eingerahmt von sehr hohen Berghängen des Eyrarfjall und des Kirkjubolsjjall liegt, ist der einzige größere Ort der Westfjorde Islands. Ebenso liegt der Hafen durch die massiven und riesigen Berge geschützt. Isafjördur ist ein Ort mit bunten traditionellen Holzhäusern, Fischerbooten, wilder Natur, und liegt in einem gemäßigten Klima an der Dänemarkstraße. Die größte Attraktion ist das Maritime Museum, in der man alles über die Geschichte der

Stadt, der Fischerei und der zugehörigen Fischindustrie erfährt. Wer lieber in der Natur auf Erkundungstour geht, dem sei die Vogelinsel Vigur, die unweit von Isafjördur liegt, zu empfehlen. Denn hier erfüllt sich die Luft vom Gesang der Papageientaucher, Gryllteisten, Lumen, Küstenseeschwalben, Eiderenten und vielem mehr. Wer es sportlich mag, der kann in einem Kanu die wunderschönen Westfjorde erkunden und erleben. Eine andere Variante ist der Weg durch die Stadt bis hinauf über den anfangs angelegten Weg zu dem massiven Hausberg, der direkt an der Ortschaft beginnt. Hier ist eine wunderschöne Aussicht über den Ort und die Umgebung garantiert.

Für die letzte Variante haben wir uns heute entschieden und so starten wir nach dem Frühstück unsere Erkundungstour, bei Temperaturen unter 5 °C, die bis auf 9°C im Laufe des Tages steigen soll. Es regnet leicht und ein schwacher Wind weht, so gesehen ist es ein wenig ungemütlich und wir hoffen, dass der Tag besser wird.

Mit dickem Anorak, Kopfbedeckung und einem Schirm gehen wir von Bord der Aida Sol, um den Ort zu erkunden und wenn die Kraft reicht und das Wetter besser wird, werden wir ein Stück den Berg hinauflaufen.

Wir erhalten einen guten Stadtplan von Isafjördur am Ausgang des kleinen Hafens, den wir zu Fuß auf kurzem Weg verlassen dürfen. Dabei entdecken wir eines der ältesten Gebäude der Stadt, das im Jahre 1788 erbaut wurde und heute als Restaurant genutzt wird. Das einstöckige Haus mit seiner gelben Holzfassade, den weißen Fensterrahmen und dem schwarzen Blechdach ist sehr traditionell gebaut und fällt kaum auf, aber es ist trotzdem gut zu finden. Natürlich werfen wir auch einen Blick in das schon genannte Heimatmuseum.

Das schöne dreistöckige weiße Kulturhaus, mit seinem grünen Dach, den weißen Gaupen und Kaminen, fällt sofort auf. Vor dem auf einer großen grünen Wiese eine schöne bronzene

Statue mit zwei Fischern, die ein volles Netz mit Lachs gefangen haben, steht.

Auf dem kleinen sehr gepflegten Friedhof der Stadt bildet eine gelbe, ganz moderne Kirche, mit vier versetzten halbrunden Blechdächern auf den abgesetzten gemauerten Bauelementen, den Mittelpunkt der Anlage. Da Silvia sich immer so gerne Friedhöfe anschaut, bleibt mir nichts Anderes übrig als ihr auf der Runde über den schönen Friedhof zu folgen. Es ist festzustellen, dass alle Gräber und Grabsteine, auch die ganz alten, sehr ordentlich und gepflegt aussehen.

In der kleinen Stadt stehen viele alte und meistens bunte Häuser, auf dessen Frontseite öfters das Baujahr dargestellt wird und die liebevoll von den Bewohnern erhalten werden.

Der Ort zählte 1835 erst 37 und 1890 ungefähr 200 Einwohner. 1901 lag die Einwohnerzahl bei 1220 und stieg kontinuierlich bis zum Jahr 1950 auf 2808 Einwohner an. Danach sank die Zahl der Bewohner bis 1970 auf 2680 und anschließend wurden wieder steigende Zahlen ermittelt, bis auf den heutigen Stand, der aktuell bei 2744 Personen liegt. Isafjördur ist Verwaltungssitz der Gemeinde Ísafjarðarbær, in der 3864 Einwohnern leben und somit sehr dünn besiedelt ist. Isafjördur allgemeiner Wohlstand kam erst im 18. Jahrhundert mit der Klippfischverarbeitung in der kleinen Stadt.

Geographisch liegt Isafjördur, eingefasst von den schroff abfallenden Berghängen des Eyrarfjall, der 731 Meter hoch ist und des Kirkjubólsfjall, dessen Höhe 832 m beträgt, am Skutulsfjörður, einem Seitenarm des Ísafjarðardjúp. Die Stadt bildet das Wirtschafts- und Verwaltungszentrum der Westfjorde. Die Sandbank, die den Ort trägt, wurde immer wieder aufgeschüttet, um Neuland zu gewinnen. Somit hat sich die Fläche der Stadt kontinuierlich vergrößert. Die flache Halbinsel reicht heute fast von einem Ufer des Fjords zum anderen, wobei ein wirkungsvoll geschützter Hafen entstand, an dem unsere Aida Sol angelegt hat.

Zur Geschichte im Landnámabók wird als erster Siedler Helgi Hrólfsson genannt, der im Jahre 920 an diesen Ort kam und dem Fjord Skutulsfjörður auch seinen Namen gab, als er an dieser Stelle eine Harpune am Strand fand.

Bereits im 16. Jahrhundert gründeten hier deutsche und englische Unternehmen ihre ersten Handelsniederlassungen. Die während des dänischen Handelsmonopols errichteten Häuser in Neðstikauðstaður am Südzipfel der Halbinsel stellen den ältesten erhaltenen Siedlungskern Islands dar. Dabei ist Krambúðin das älteste erhaltene Haus Islands. Im Turnhúsið befindet sich das Heimatmuseum Neðstikaupstaður.

In Isafjördur gibt es eine Musikschule. Gegenüber dem neuen Krankenhaus beherbergt das ehemalige Krankenhaus heute ein Kulturzentrum mit einer Bibliothek und seinen Ausstellungsräumen. In der Hauptstraße befindet sich die Kunstgalerie Gallerí Úthverfa, wo Werke internationaler sowie isländischer Künstler angeschaut werden können. Der an der östlichen Mündung des Skutulsfjörður gelegene rot-gelbe nur etwa fünf Meter hohe Leuchtturm Arnarnesviti wurde 1902 errichtet.

Mit dem Bau der modernen, schon genannten, evangelischen Kirche wurde 1992 begonnen, und am Himmelfahrtstag 1995 wurde sie mit 300 Sitzplätzen eingeweiht. Die katholische Johanneskapelle in der Straße Mjallargata war ursprünglich ein 1935 erbautes Wohnhaus, das 1989 von der katholischen Kirche erworben und zu einer Kapelle umgebaut wurde. Deren Einweihung im gleichen Jahr durch den Reykjavíker Bischof Alfred Jolson erfolgte. Daran anschließend wurde zwischen 1997 und 1999 eine neue Kapelle gebaut, die am 5. Juli 1999 durch den damaligen Bischof von Reykjavík eingeweiht wurde. Die Pfingstkirche Hvítasunnukirkjan Salem wurde am 1. Januar 1945 in Isafjördur gegründet und kaufte von der damaligen Hausfrauenschule noch im selben Jahr in der Straße Fjarðarstræti 24 ihr heutiges Gemeindehaus, das 1988 renoviert wurde. Im Ortsteil Hnífsdalur ist die evangelische Hnífsdalskapella sehenswert, die 1955 eingeweiht wurde und bis zu 160 Menschen Platz bietet.

Isafjördur war einst der größte Standort der Shrimps-Fischerei von Island und ist auch heute noch besonders für den Fischfang bekannt, dies ist natürlich an der Lage der Dänemarkstraße begründet. Sehr interessant ist was ein Unternehmen mit der Haut des Dorsches herstellt. Denn aus einem Abfallprodukt wird ein medizinisches Therapieprodukt hergestellt, welches den Heilungsprozess chronischer Wunden und Brandwunden beschleunigt. In diesem Bereich wird viel Geld in die Forschung und Entwicklung investiert.

Von Juni bis August bestehen von Isafjördur Schiffs-verbindungen zur fast gänzlich verlassenen und schwer erreichbaren Halbinsel Hornstrandir (Naturreservat) auf der anderen Seite des Ísafjarðardjúp. Im neuen Hafen der Stadt Isafjördur legen seit einigen Jahren zwischen Mai und Anfang September Kreuzfahrtschiffe an. Im Jahr 2020 waren insgesamt fast fünfzig Anläufe geplant, darunter waren auch die deutsch-sprachigen Anbieter AIDA, Phoenix Reisen und TUI Cruises.

Die verkehrs- und versorgungstechnische Bedeutung des Ortes wird insbesondere deutlich durch die Anbindung an das innerisländische Flugnetz. Der Flugplatz von Isafjördur befindet sich an der Stadt des gegenüber liegenden Ufer des Fjords.

Die Entfernung zur Hauptstadt Reykjavik beträgt 457 Straßenkilometer und der nächstgelegene Ort Bolungarvík liegt etwa 15 Kilometer in nordwestlicher Richtung entfernt.

Es gibt auch eine Regionalbibliothek in Isafjördur, die im Jahre 1889 gegründet wurde und 1911 folgte Islands erste Musik-schule in diesem Ort. Seit 1970 gibt es in Isafjördur neben der Grundschule auch ein Gymnasium. Zudem wurde eine Kunst-schule mit dem Namen von Islands erstem Architekten, Rögnvaldur Ólafsson 1993 gegründet. Im März 2005 wurde ein

Hochschulzentrum als einzige Hochschule der Region gegründet. Dies bietet englischsprachige Masterstudiengänge, sowie Küsten- und Marine Managementstudien, Fernstudienkurse sowie internationale Sommerschulen an. Zudem finden im Jahr mehrere Sprachkurse für die Isländische Sprache in verschiedene Niveaustufen statt.

Wie man sieht wird sehr viel in der kleinen Stadt Isafjördur geboten, um verkehrstechnisch mit der restlichen Insel gut angebunden zu sein, den Einwohnern lohnende Arbeitsplätze zu bieten und eine gute Schulbildung, ja sogar Studiengänge zu ermöglichen.

Die tiefen Regenwolken ziehen ab und es kommt immer mehr die Sonne durch, deshalb schauen wir uns den kleinen Stadtpark an und erklimmen den Berg, bis zu dem Punkt an dem der Weg endet. Hier sehen wir weit über die Stadt bis auf die andere Seite zum Flughafen, sowie die entfernteren schneebedeckten Bergspitzen. Die Aussicht ist sehr schön und im Vordergrund sind alle Wiesen voll bedeckt mit blauen Lupinen, die gerade in voller Blüte stehen.

Auf dem Rückweg laufen wir an einem Haus vorbei, dass gerade renoviert wird und die halbe Inneneinrichtung auf der Straße liegt, so auch eine funktionale Toilette, auf der ich unbedingt ein Spaßfoto machen muss. Der Rückweg ist deutlich schöner, da wir diesen bei Sonnenschein erleben dürfen. So erscheint dieser Ort in einem ganz anderen Licht, ebenso die kleinen bunten Fischerboote, die extrem ruhig im Hafen liegen und sich dessen Silhouette im Wasser perfekt spiegelt.

Dies war unser entspannte, ruhige, aber dennoch interessante und schöner Tag in der Stadt Isafjördur. Diese wunderschöne Landschaft und die relaxte Atmosphäre hier werden uns immer in sehr guter Erinnerung bleiben.

Pünktlich um 18 Uhr legt unser Luxuskreuzfahrtschiff Aida Sol vom kleinen Hafen der Stadt Isafjördur ab und die Gäste schwärmen noch lange von dem Ort und der wunderschönen Landschaft. Natürlich bleibe ich nach dem Abendessen sehr lange an Deck um Delphine und Wale zu beobachten, was auch an diesem Abend gut klappt. Denn wann bekommt man so viele Gelegenheiten diese schönen und großen Tiere im Meer zu beobachten, wie hier um Island herum und das nutze ich gerne.

Am Abend und in der Nacht genieße ich noch die Mitternachtssonne, freue mich schon sehr auf den nächsten Tag, denn in dem 172 Meilen (319 km) entfernten Akureyri, das auf dem 65° 41 Nördliche Breite und 18° 6' Westliche Länge liegt, haben wir einen tollen Tagesausflug über die Aida gebucht. Die Liegezeiten sind morgen exakt die gleichen wie am heutigen Tag und so werden wir wieder viel Zeit für die fantastische Insel Island haben.

Am Montag den 17. Juni stehe ich auch wieder sehr früh auf, denn ich möchte die wunderschöne Landschaft in dem Meeresarm, wo es besonders viele Wale und dessen Arten zu sehen gibt, nicht verpassen. Zu bestaunen sind hier am frühen Morgen bei bester Sicht komplett schneebedeckte Berge, sowie viele massive und hohe Bergkuppen die oben flach vom Eis der letzten großen Eiszeit abgetragen wurden. Wir fahren aus Richtung Grönland in den sehr langen Fjord hinein und um die Insel Hrisey, die mitten im Fjord liegt, hier ist die Chance besonders groß sehr viele Wale zu sehen. So kommt es dann auch und eine Walschule nach der anderen kann ich an diesem herrlichen Morgen beobachten. Von diesen Ereignissen bin ich total gerührt, denn es ist schon etwas Einmaliges so große Tiere in freier Natur zu sehen.

Pünktlich, wie immer 30 Minuten vor dem Plan, legen wir in Akureyri im Hafen mit der Aida Sol an. Sofort sieht man das diese Stadt deutlich größer ist als an der letzten Anlegestelle. Diesmal werden wir nicht die Stadt besichtigen, sondern einen

Tagesausflug mit dem Bus unternehmen. Trotzdem möchte ich ein paar wenige Eckdaten über die Stadt bekannt geben.

Die Stadt und Gemeinde Akureyri ist mit fast 20 000 Einwohnern nach Reykjavik und dessen beiden Vororten Kópavogur und Hafnarfjörður die viertgrößte Stadt Islands.

Die Hafenstadt Akureyri stellt das größte Bevölkerungszentrum außerhalb des Hauptstadtbezirks und das größte Dienstleistungszentrum im Norden des Landes dar. Zum Gemeindegebiet gehört seit Mai 2009 auch die Insel Grímsey.

Akureyri liegt am Ufer des weit ins Land hineinreichenden Fjords Eyjafjörður und des Flusses Glerá. Westlich liegt die gebirgige Halbinsel Tröllaskagi mit dem Öxnadalur. Nordwestlich von Akureyri liegt der nächste größere Ort, Dalvík und die Gemeinde Hörgársveit.

Akureyris Hausberg Súlur befindet sich südsüdwestlich der Stadt. Südlich liegt die Gemeinde Eyjafjarðarsveit mit dem Ort Hrafnagil und der Fluss Eyjafjarðará. Nordöstlich von Akureyri liegt der Ort Svalbarðseyri in der Gemeinde Svalbarðsströnd. Östlich von Akureyri liegt die Gemeinde Þingeyjarsveit.

Akureyri liegt nur rund 50 Kilometer südlich des Nördlichen Polarkreises, der über die von dort aus mit Flugzeug und Fähre erreichbare Insel Grímsey verläuft. Die Stadt eignet sich gut als Ausgangspunkt zu anderen Sehenswürdigkeiten im Norden Islands, etwa zu den Wasserfällen Aldeyjarfoss und Goðafoss sowie zum See Mývatn mit seinen vulkanischen Erscheinungen und nach Húsavík zur Walbeobachtung.

Entsprechend seiner nördlichen Küstenlage weist Akureyri ein maritim-polares Klima mit vergleichsweise milden Wintern und kühlen Sommern auf. Die Mitteltemperatur der kältesten Monate im Januar und Februar beträgt etwa −1,5 °C. Im Juli wird eine Mitteltemperatur von 11 °C erreicht. Die Jahresmitteltemperatur beträgt 4 °C, die Temperaturextreme liegen bei −23,2 °C im Jahre 1947 und +28,8 °C in 2008. Im Jahr fällt ein Niederschlag von rund 450 Millimeter, und die Sonne scheint knapp 1000 Stunden, was für die Nordküste Islands typisch ist.

Die ersten Siedler errichteten ihre Bauernhöfe am Fjord um das Jahr 1000. Die Stadt wurde 1602 als Handelsposten der Dänen gegründet. Diese hatten festgestellt, dass der Ort wegen des steil abfallenden Meeresbodens günstig für die Anlage eines Hochseehafens war.

Akureyri blühte nach und nach auf und erhielt 1786 das Stadtrecht. Trotzdem blieb der Ort noch weitere hundert Jahre recht klein und bestand nur aus wenigen Häusern.

Dies änderte sich mit dem Ende des 19. Jahrhunderts und der damit verbundenen Aufhebung der Handelsrestriktionen. Schon nach 1840 war die Stadt durch den Zuzug von Handwerkern und Lohnarbeitern merklich angewachsen. Während die Kaufleute im südlichen Teil des Ortes lebten, ließen sich die Handwerker im Norden des Stadtteils nieder. Zwischen den beiden Stadtteilen gab es lange ständige Zwistigkeiten. Sogar das Gymnasium wurde genau auf der Grenzlinie angesiedelt, die noch extra ausgemessen wurde. Schließlich erlebte die Stadt ab dem 19. Jahrhundert einen stürmischen Aufschwung.

Heute lebt man von den in Island bekannten Industrien, zu denen noch die Hightech-Industrie hinzukam. Außerdem gilt der Tourismus als starker Wachstumsfaktor.

Zahlreiche Industriebetriebe haben sich in Akureyri angesiedelt. Neben der woll- und der fischverarbeitenden Industrie gibt es eine große Brauerei.

Die Stadt liegt an der Ringstraße 1. Sie besitzt einen eigenen Flughafen, dessen Landebahn zum größten Teil in den Fjord hinein gebaut wurde, sowie einen Hafen, der auch von Kreuzfahrtschiffen angelaufen wird. Weltweit einmalig sind die Verkehrsampeln, deren Rotlicht in Herzform strahlt. Die Ampeln wurden nach dem Finanzcrash im Jahr 2008 umgerüstet, um den Einwohnern einen Anreiz zum positiven Denken zu vermitteln.

Das Bild der Stadtmitte von Akureyri ist stark durch die evangelisch-lutherische Kirche oberhalb der Stadtmitte geprägt. Die Kirche wird schlicht als Akureyrarkirkja bezeichnet. Sie wurde von dem isländischen Architekten Guðjón Samúelsson entworfen und am 17. November 1940 eingeweiht.

In dem Haus im dänischen Stil lebte der berühmte Jesuit und Kinderbuchautor Jón Sveinsson (1857–1944). Er schrieb die Serie von Romanen um den isländischen Jungen Nonni, der in die Welt hinausreist. Das Haus ist als Museum eingerichtet, mit Möbeln des 19. Jahrhunderts und persönlichen Gegenständen des Autors.

Das Museum in der Villa Kirkjuhvoll präsentiert Gegenstände, Fotos und Manuskripte zur Geschichte von Akureyri und des Eyjafjörður. Im Naturkundemuseum Náttúrufræðistofnun wird vor allem vieles über Tiere und Pflanzen der Gegend präsentiert. Das Transportmuseum am Flughafen zeigt dagegen eine Menge und reiche Auswahl verschiedener Flugmaschinen, Autos und anderer Verkehrsmittel.

Der Botanische Garten Akureyri liegt hoch über dem Fjord, noch oberhalb der Akureyrarkirkja im Südwesten der Stadt. Zu sehen sind dort über 6 000 fremde Arten von Blumen, Bäumen und anderen Gewächsen sowie etwa 400 einheimische Arten. Im Prinzip ist er ganzjährig etwa von Sonnenaufgang bis Sonnenuntergang geöffnet.

Pünktlich wie immer auf dem Schiff, laufen wir nach dem sehr guten und reichhaltigen Frühstück zum Bus, um unsere Tagesreise zu starten. Die Organisation der Busse von Aida klappt ganz hervorragend und so können wir exakt zum geplanten Termin losfahren. Wir haben eine Frau als Guide, die in Island lebt und perfekt Deutsch spricht, was aber auch kein Wunder ist, denn sie lebte in Deutschland und hat sich eines Tages hier verliebt und ist auf der Insel geblieben, um eine Familie zu gründen.

Unser erstes Ziel ist der Wasserfall Goðafoss, auf den wir schon sehr gespannt sind. Die Fahrt dauert ein wenig, aber dafür sehen wir viel von der schönen Landschaft Islands und wir bekommen alles sehr gut erklärt.

Irgendwann biegen wir ab und parken auf einem riesengroßen Parkplatz, auf dem schon jede Menge Busse stehen und die Menschen wie auf einer Ameisenstraße zum Wasserfall laufen. Auf dem Fußweg, der parallel des Flusses verläuft, sehen wir sehr viele wunderschöne Blumen blühen, darunter auch die Nationalblume Islands, erklärt uns unser Guide.

Der Fußweg zum Wasserfall Goðafoss ist gut für jedermann begehbar, auch wenn jemand eine kleinere Gehbehinderung hat. Letztendlich erreichen wir den U-förmigen und 158 Meter breiten Wasserfall, dessen Wasser 11 Meter in die Tiefe stürzt, nach knapp 10 Minuten. Dies ist einer der bekanntesten Wasserfälle von ganz Island und aus diesem Grund auch so stark frequentiert. Der Wasserfall Goðafoss liegt auf dem Gebiet der Gemeinde Þingeyjarsveit im Nordosten des Landes nahe dem Anfang der Sprengisandur-Hochlandpiste und nur wenige Meter neben der Ringstraße. Der nächste Ort liegt östlich des Goðafoss und trägt den Namen Laugar. Der Wasserfall wurde erst am 12 Juni 2020 vom isländischen Umweltminister unter Naturschutz gestellt.

Der Sage nach soll der Gode und Gesetzessprecher Þorgeir Ljósvetningagoði Þorkelsson um das Jahr 1000 n. Chr., nach

der beschlossenen Übernahme des Christentums als Staats-
religion, die letzten heidnischen Götterbilder in den Goðafoss
geworfen haben. Daraus folgt der noch heutige Name
Götterwasserfall. Ein Kirchenfensterbild in der Domkirche von
Akureyri erinnert sehr schön an diese Geschichte. Mehrere
Schiffe der isländischen Reederei Eimskip trugen den Namen
Goðafoss auf den Rümpfen ihrer Flotte.

Es ist nicht leicht von den Aussichtsplattformen vom Wasserfall ein Foto zu machen, denn es gibt sehr viele, vor allem
Japaner und Chinesen, die unendlich lange vor dem Wasserfall
posieren und sich dutzende Male ablichten lassen. Deshalb
habe ich kein Foto von mir vor dem Goðafoss gemacht und
dafür lieber ein ruhiges Plätzchen ausgesucht.

Der Wasserfall ist sehr schön und groß, auch wenn das Wetter
an diesem Morgen nicht für gute Fotos geeignet ist, denn es
regnet ein ganz kleines bisschen, der Himmel hängt voller
Wolken und nur ganz selten schaut die Sonne einmal durch.
Für uns ist der Wasserfall nicht so super beeindruckend, dies
liegt aber daran, weil wir den größten Wasserfall der Erde erst
vor kurzem gesehen haben, nämlich den Victoriawasserfall in
Simbabwe. Kann mich aber mit den anderen Gästen über ihre
Begeisterung und dem Staunen bezüglich des Wasserfalles
freuen.

Nach ein paar Minuten laufen wir einen anderen Weg zum
Parkplatz zurück und überqueren dabei die grüne Stahlbrücke,
die auf den hohen Betonsockeln steht. Wir haben noch zehn
Minuten und die nutzen wir schnell noch für einen Toilettengang, der im Restaurant neben dem Parkplatz erledigt werden
kann. Dann müssen wir uns von der kargen, baumlosen und
flachen Steinlandschaft verabschieden, in dessen Hintergrund
die hohen und schneebedeckten Berge zu sehen sind.

Alle Gäste sind pünktlich im Bus, was unseren Guide ganz
besonders freut.

Wir fahren deshalb pünktlich zum nächsten High-Light auf unserer Busreise, nämlich dem bekannten und sehr beliebten Mückensee.

Nach einer kurzweiligen und interessanten Fahrt, bei der das Wetter so ganz langsam etwas besser wird, soll heißen der Regen hört auf und die Wolken ziehen langsam ab, so dass die Sonne etwas durchkommt, stoppen wir auf dem Parkplatz parallel der Straße und gegenüber einem Restaurant, bzw. Infozentrum. Steigen aus dem Bus und bekommen eine kurze Einweisung, bzw. können nochmals im Restaurant auf die Toilette. Anschließend läuft unser Guide mit uns in das Areal des Mückensees. Ein paar Gäste, die ebenfalls das Gelände erkunden, tragen Gesichtsmasken wie die Imker, um sich vor den vielen Mücken zu schützen. Diese schwarzen Mücken sind sehr groß, fliegen schwerfällig und langsam, besitzen keinen Stachel und kommen in ungeheuren Mengen vor. Unser Guide berichtet uns, dass die Mücken aktuell nicht ganz so viele sind und in der Hochzeit der Ausbreitung schon Pferde erstickt sind, weil sich die Mücken um und in die Atemorgane gesetzt hatten.

Der See trägt seinen Namen von den im Sommer teilweise sehr großen Mückenschwärmen, die hauptsächlich die Grundlage für den beachtlichen Fischreichtum und die vielfältige Enten-population sind. Es handelt sich dabei überwiegend um harmlose Zuckmücken, die nicht stechen, aber auch stechende Kriebelmücken kommen vor. Es gibt im Sommer zwei Perioden von je etwa zwei Wochen, in denen die Zuckmücken regelrechte schwarze Säulen am Ufer des Sees bilden. Deswegen heißt diese Mückenart auf Isländisch auch Rykmý, die Staubmücke.

Das durch die vulkanische Aktivität stetig aus dem Boden und dem See entweichende Kohlendioxid wirkt schwarm-induzierend, ebenso wie das von Säugetieren ausgeatmete Kohlendioxid, was dazu führen kann, dass Mücken gezielt in Mund- und Nasenhöhlen eindringen. Einige Fälle, in denen Pferde durch Verstopfung der Atemwege mit Mücken erstickten, sind historisch belegt. Nach dem See ist auch die umgebende Region Mývatn benannt.

Der See liegt rund 50 Kilometer südlich des Küstenortes Húsavík und weist eine Fläche von 37 km² auf. Er ist damit der viertgrößte See der Insel. Mit einer maximalen Tiefe von 4,2 m ist er relativ flach, im Mittel sind es sogar nur 2,3 m. Bei einem Seespiegel von etwa 288 Meter über dem Meer bilden die Anliegersiedlungen die höchsten ganzjährig bewohnten Gebiete Islands, was einen Hinweis auf die im Sommer günstige klimatische Lage des Sees ergibt. Der einzige Abfluss des Mývatn ist der Fluss Laxá í Aðaldal, der letztendlich im Meer mündet.

Als Ziel für Touristen bietet sich der See mit seiner Umgebung vor allem wegen der äußerst vielseitigen Lavaformationen und dem recht aktiven Vulkanismus an. Dieser stammt von dem etwa 40 Kilometer langen Vulkansystem des Zentralvulkans Krafla. Seine letzten Ausbrüche in der Gegend fanden von 1975 bis 1984 statt.

Die Gipfel des Vindbelgjarfjall, die im Norden des Sees liegen und des dampfenden Námafjall im Nordosten bieten einen wunderschönen Ausblick über den See. Beide Aussichtspunkte können auf guten Wanderwegen erreicht werden.

Wir laufen den natürlichen, dennoch gut angelegten Wanderweg entlang und bestaunen die fantastische Seenlandschaft mit den vielen kleinen Inseln darin. Die großen und kleinen Hügel oder Krater sind eine interessante und für unser Auge beeindruckende Vulkanlandschaft, die zumeist schon begrünt ist. Deshalb weiden hier auch ganz ungeniert die weißen isländischen Ziegen und Schafe und lassen sich das frische Grün schmecken. Oftmals sieht man auf der Schattenseite, auch zu dieser Jahreszeit Mitte Juni, noch größere Schneefelder zwischen den Hügeln und Kratern.

Am See brüten 15 Entenarten und machen ihn deshalb zu einem Forschungsgegenstand für Ornithologen. Zu finden sind u.a. die Pfeif-, Berg- und Eisenten. Das europäische Brutgebiet der Kragen- und der Spatelente ist allein auf Island beschränkt, sodass wir uns sehr freuen diese für uns seltenen Tiere zu sehen. Die wichtigste Ursache für die zahlreichen Insekten und für die sich von ihnen ernährenden Vögel ist, dass der Mývatn einerseits sehr flach ist und andererseits unterirdisch von heißen Quellen gespeist wird. Aus diesem Grund friert er im Winter auch nur teilweise zu.

Nach der kleinen Wanderung kommen wir wieder auf den Parkplatz und gehen in das Restaurant auf der anderen Straßenseite, denn dort ist für uns ein kleiner Snack, in Form von Sandwiches, Kuchen, Kekse, Kaffee und Mineralwasser vorbereitet. Anschließend noch ein Toilettengang und schon fahren wir mit unserem Bus zum nächsten Ziel der Tour.

Nach ein paar Kilometern können wir wieder aussteigen und besichtigen das isländische Lavafeld Dimmuborgir.

Bei den Tuffsteinformationen in Dimmuborgir handelt es sich um ein Lavafeld und die Überreste eines Lavasees östlich des Mývatn Sees. Es befindet sich in einer vulkanisch aktiven Region auf dem Gebiet des Vulkansystems Krafla, das direkt östlich des Sees liegt. Nordöstlich grenzt der Tuffring Hverfjall an.

Die interessanten und bizarr geformten Steinformationen des Lavafelds erinnern an verfallene Ruinen von Burgen und Türmen. In der alten isländischen Mythologie wird Dimmuborgir als ein Ort der Unterkunft von Elfen und Trollen gesehen.

Dimmuborgir besteht aus einem kollabierten Lavasee, dessen Lava zum größeren Lavafeld der sogenannten Jüngeren Láxálaven gehört. Es stammt aus einer Eruption der östlich gelegenen Kraterreihen Þrengslaborgir und Lúdentsborgir vor

2300 Jahren. Die Kraterreihen gehören gemäß petrologischer Analyse nicht zur Krafla, sondern zu einem anderen kleineren Vulkansystem. Es heißt Heiðarsporðar und liegt östlich vom Krafla-System.

Bei Dimmuborgir sammelte sich die Lava über einem Sumpf oder See. Als die Lava über den nassen Boden floss, begann das Wasser darin zu kochen und der Wasserdampf stieg durch Schlote mit einem Durchmesser von bis zu mehreren Metern an die Oberfläche. Nachdem die Kruste der Lavadecke erstarrt war, floss noch flüssige Lava unterhalb der Kruste in Richtung des Mývatn Sees. Die Kruste brach zusammen, aber die Schlote und Teile der kollabierten Lava-Decke blieben erhalten. Aufgrund der Höhe der Schlote lässt sich die Tiefe des Lava-Sees auf etwa 10 Meter bestimmen.

Ein kleiner Weg schlängelt sich durch die Steinformationen des jungen Lavagesteins. Eine kleine Höhle wurde möbliert ein-gerichtet, um zu zeigen wie die Trolle hier einmal gelebt haben sollen. Die Kinder aus unserem Bus waren darüber sehr begeistert und fasziniert, stellten zudem viele Fragen. Nach der Besichtigung schnell noch den obligatorischen Toilettengang und ab geht es zum nächsten Ziel.

Nach ein paar Kilometern fahren wir mit unserem Bus über den Pass Námaskarð, dieser befindet sich am See Mývatn. Er schneidet in den Berg Námafjall ein und ist 410 m hoch. Der Name stammt von der Schwefelgewinnung, die hier bis Mitte des 19. Jahrhunderts erfolgte und anschließend wurde der Schwefel von Húsavík aus in alle Welt verschifft. Weiter der Straße folgend kommt man in das Hochtemperaturgebiet Hvelarönd, auf dem Weg der Ostseite wird die Passstraße passiert, nach Egilsstaðir durch das Lavafeld Búrfellshraun und anschließend die Einöde Mývatnsöræfi erreicht.

Unterhalb des Berges Námafjall befindet sich ein aktives und sich ständig veränderndes Feld heißer Quellen namens Hveiarönd oder auch Hverir, dass manchmal auch wie die

Passhöhe Námaskarð genannt wird. Dieser Berg und die anderen Erscheinungen des aktiven Vulkanismus der Gegend ist ein Teil des Krafla-Vulkansystems.

Unser Bus stoppt letztendlich auf einem Schotterparkplatz und wir dürfen uns nach dem Ausstieg frei durch die aktive Mondlandschaft bewegen, aber zuvor bekommen wir noch eine Einweisung von unserem Guide. Das Wetter ist sehr gut und der Himmel fast wolkenfrei, so dürfen wir durch dieses Gebiet mit einer Vielzahl von unterschiedlichen Thermalquellen, kochender Schlammtümpel, Schlammtöpfe, sowie Fumarolen und Solfataren wandern.

Dieses Spektakel aus blubberndem Schlamm, brodelnden und zischenden Dampfwolken, sowie die tolle farbliche und teilweise geriffelte Erdoberfläche, die durch das abfließende Thermalwasser gebildet wird, ist für mich das absolute High-Light dieser Bustour des heutigen Tages. Über diese vulkanisch aktive Fläche kann ich so lange schauen und dennoch nicht genug davon bekommen, so beeindruckend ist dies für mich. Total fasziniert bin ich von diesem einmaligen und ganz außergewöhnlichen Gebiet.

Nach dem wunderschönen und erlebnisreichen Tag fährt uns der Bus wieder zurück zu unserem Kreuzfahrtschiff, das im Hafen liegt und auf uns wartet.

Pünktlich wie immer fahren wir um 18 Uhr mit dem Kreuzfahrtschiff los und genießen nochmals die Ausfahrt durch den langen Fjord und sehen wieder sehr viele Wale, ja sogar große Walschulen. Es ist ein Traum das alles sehen zu dürfen. Unser nächstes Ziel ist über Nacht der kleine Ort Seyðisfjörður in Ostisland. Dafür legen wir 210 Seemeilen (389 km) zurück und liegen von 9 Uhr bis 18 Uhr an der Anlegestelle im Hafen der Ortschaft. Das Wetter ist ein Gemischt aus Wolken, Sonne und Regen, bei maximalen 5 °C und windig. Am 18 Juni liegen wir dann auf 64° 9' Nördliche Breite und 21° 56' Westliche Länge.

Seyðisfjörður heißt auf Deutsch Fjord der Feuerstelle und die Stadt, die für mich eigentlich ein kleiner Ort ist, liegt im Osten Islands, in der Region Austurland am Ende des gleichnamigen Fjords. 2023 hatte Seyðisfjörður 659 Einwohner. Bis 2019 war sie eine eigene Gemeinde, mit den weiter nördlich an der Küste liegenden Ortschaften Bakkagerði, Djúpivogur und Fljótsdalshérað ist Seyðisfjörður seit 2020 zur Großgemeinde Múlaþing verbunden.

Die Stadt Seyðisfjörður hat einen der besten Naturhäfen von ganz Island. Sie ist der Anlaufhafen der Norröna, der einzigen Autofähre, die Island über die Färöer und Dänemark mit dem europäischen Festland verbindet. Sie verkehrt unter der Flagge der Färöer. Die Passstraße über die Hochebene Fjarðarheiði führt in die nächstgelegene Stadt Egilsstaðir, wo sich der einzige Flughafen Ostislands befindet und zum Hringvegur in 27 Kilometer Entfernung.

Geschichtlich gesehen war Seyðisfjörður bereits Ende des 19. Jahrhunderts eine stadtähnliche Siedlung und zählte im Jahre 1890 bereits 377 Einwohner. Durch den norwegischen Industriellen und Reeder Otto Wathne, dem 1900 im Ort sogar ein Denkmal errichtet wurde, erlebte Seyðisfjörður einen erheblichen wirtschaftlichen Aufschwung. Er sorgte u.a. dafür, dass im Jahre 1895 auf der Halbinsel Dalatangi östlich von Seyðisfjörður der erste Leuchtturm Islands gebaut wurde, so dass den Schiffen die Einfahrt in den Fjord und damit die Fahrt nach Seyðisfjörður erheblich erleichtert wurde.

Seyðisfjörður erhielt bereits 1895 als vierter Ort Islands die Stadtrechte und war 1901 mit 841 Einwohnern die weitaus größte Ortschaft im Osten von Islands. Das erste Wasserkraftwerk Islands wurde 1913 am Rande von Seyðisfjörður am Fluss Fjarðarsel gebaut und ist bis heute im Betrieb. Damit wurde Seyðisfjörður die erste voll elektrifizierte Stadt Islands. Aus diesem Grund findet man hier auch ein Technikmuseum. In Seyðisfjörður endete das erste Unterseetelefonkabel nach Island, das 1906 verlegt wurde. Der Fjord diente zudem im

Zweiten Weltkrieg als Marinestützpunkt der Alliierten und Ausgangs- oder Endpunkt einiger Nordmeergeleitzüge. 1944 versenkten drei deutsche Flugzeuge den britischen Tanker Grillo, der gerade in Seyðisfjörður vor Anker lag.

Der Ort musste in der Vergangenheit mehrere tragische Unglücke durchleben. Im Jahre 2020 wurden durch anhaltende Regenfälle gewaltige Schlammlawinen ausgelöst, wobei die am 18. Dezember die größte war, die jemals in einem bewohnten Gebiet auf Island niedergegangen ist. Sie zerstörte 13 Häuser und beschädigte das Technikmuseum schwer. Glücklicherweise gab es keine Todesopfer zu beklagen, aber die Stadt war zeitweise evakuiert. Durch schwere Erdrutsche vom 1 075 Meter hohen Berg Bjolfur kamen bereits 1895 leider 24 und 1950 nochmals fünf Menschen ums Leben.

Ganz interessant ist zu wissen, dass rund 10 km östlich der Stadt, im Jahre1998 bis 1999 Gräber, sowie die Fundamente einer Kirche aus dem 11. Jahrhundert freigelegt wurden.

Die 1920 erbaute Kirche Seyðisfjarðarkirkja wird eigentlich nur noch Blaue Kirche und unter der Isländischen Bevölkerung unter dem Namen Bláa Kirkja genannt. In diesem Gotteshaus finden im Sommer Konzerte statt. Sie soll eine der schönsten Kirchen in Island sein.

Auch in dieser kleinen Stadt gibt es seit 2016 eine kleine Regenbogenstraße, die anlässlich der Pride Walk bemalt wurde.

Skaftfell ist das Zentrum für moderne Kunst und hier gibt es nicht nur eine Galerie, sondern dies ist auch ein Treffpunkt der Künstler und Einheimischen Bevölkerung zugleich.

Wer ein paar Meter laufen möchte und sich für die Sound Skulptur Tvisöngur interesseiert, der sollte das Werk des deutschen Künstlers Lukas Kühne unbedingt anschauen.

Das Kunstwerk besteht aus fünf Elementen die miteinander verbunden sind und Klangdome unterschiedlicher Größe darstellen.

Die Stadt, die wir nach dem guten Frühstück erkunden wollen, ist vor allem für seinen Charme, sowie der ausstrahlenden Ruhe und Harmonie bekannt. Noch immer finden sich in den Straßen zahlreiche Spuren der Vergangenheit, die an die letzten Jahrhunderte erinnern. Die eigene Existenz hat Seyðisfjörður dem Heringsboom zu verdanken, der Anfang des 20. Jahrhunderts die Stadt prägte. Zu dieser Zeit ließen sich norwegische und dänische Kaufleute hier nieder. Noch heute findet man in diesem Ort zahlreiche Häuser, die zu dieser Zeit errichtet wurden, u.a. gehört die schöne Blaue Kirche dazu.

Der erste Weg führt uns bei eiskaltem Wetter, Wind und starker Bewölkung an dem gestrandeten alten Fischerboot im Hafen vorbei, zum großen Wasserfall, der gut über einen angelegten Weg zu erreichen ist. Ganz oben ist der zweigeteilte Wasserfall mit der größten Fallhöhe und weiter unten nach der hölzernen Fußgängerbrücke über den Flusslauf, erfolgt ein weiterer Wasserfall, der in einem gebündelten Strahl den Berg hinunterstürzt. Silvia ruht sich ein wenig aus und ich erkunde in der Zeit alleine das umliegende Gelände, denn hier sind sehr schöne, ganz grüne Wiesen, mit den üblichen Blumen und ein junger Wald in prächtigen Farben zu sehen.

Zusammen laufen wir anschließend in die kleine Stadt und entdecken dort viele schöne, traditionelle und sehr gepflegte Holzhäuser in ganz unterschiedlichen Farben. Vor einem Haus steht ein total demoliertes Motorrad, vermutlich als Mahnmal und zur Warnung an die Freude des Zweirades, hier vorsichtig zu fahren. Wir laufen an einigen verrückten Häusern vorbei, die entweder ganz viel Kitsch vor, um oder an ihrem Haus ausgestellt, oder ihre Häuser total verrückt angemalt haben. Zwischen den Häusern in der City, wenn man das so nennen darf, verläuft die bunte Regenbogenstraße und endet vor der Blauen Kirche. Natürlich schauen wir uns dieses schlichte und einfache Gebäude von außen und innen ganz genau an und können nur bestätigen, dass dies einer der schönsten Kirchen in Island ist. Sie ist komplett aus Holz und wie der Name schon sagt außen überwiegend in blau mit weißen Akzenten gestrichen, aber auch der schlichte Innenraum zeichnet sich mit blauen und weißen Elementen, sowie den naturbelassenen Hölzern aus.

Im Ort drehen wir noch eine Runde und wollen in den Supermarkt, um zu sehen was dort so alles angeboten wird. Stellen dann aber leider fest, dass die Menschen innen nicht raus können und wir nicht in den Supermarkt hinein. Eine junge Frau zeigt uns ein Stück Papier, auf dem in Englisch steht, das aktuell ein Stromausfall vorliegt und es ungefähr eine Stunde dauert bis alles wieder funktioniert und das Geschäft betreten werden kann. Da wir nicht so lange warten wollen, zumal das Wetter immer noch so schlecht ist, laufen wir zum Hafen zurück. Außer den schönen Holzhäusern sehen wir auf dem Gelände vor dem Hafen, auf einer grünen Wiese, einen Kiosk stehen, der etwas ganz Besonderes ist. Denn er besteht aus dem alten ausrangierten Steuerhaus eines Fischkutters, dass hier perfekt seinen Zweck erfüllt. Vor dem Kiosk gibt es noch ein paar Tische und Stühle, auf denen bei der Kälte und dem schlechten Wetter niemand Platz nimmt.

Zurück auf dem Schiff wärmen wir uns erst einmal auf und lassen den etwas verrückten Künstlerort nochmals Revue passieren. Es ist wirklich so, man spürt den Charme, sowie die ausstrahlende Ruhe und Harmonie in dieser Stadt bei jedem Schritt der Besichtigung und das ist etwas ganz Tolles.

Der Dalai-Lama sagte mal „Einmal im Jahr sollst du einen Ort besuchen, an dem du noch nie warst". Dies ist in meinem Fall Island und ich habe meiner Meinung nach alles richtiggemacht, denn diese Insel knapp unter dem Nördlichen Polarkreis ist auf jeden Fall eine Reise wert und ich war total begeistert von dem was ich alles sehen und erleben durfte. Auch wenn es dort nicht so warm ist, tut dies aus meiner Sicht keinen Abbruch, ganz im Gegenteil, es ist auch mal schön im Urlaub nicht zu schwitzen.

Wir fahren wie immer pünktlich los und bewegen uns aus dem Fjord, ins offene Meer Richtung Norwegen und werden dies nach einem Seetag am 19 Juni, nach zurückgelegten 676 Seemeilen (1252 km), erreichen. Die Ausfahrt aus Island ist trotz des schlechteren Wetters sehr spektakulär, einerseits, weil ich von Deck aus mehrere Walschulen bei der Jagd der Fische beobachten kann und andererseits, weil der letzte Blick auf Island etwas ganz besonders Schönes für mich bereithält. Denn ich sehe die hohen, teilweise schneebedeckten massiven Berge oder Felsen hinter einem ganz schmalen langen Wolkenband und das sieht so richtig fantastisch aus. Leider lehne ich mich bei der Walbeobachtung im offenen Meer ein wenig zu weit über das Geländer der Aida Sol und schwuppdiwupp wird mir von einer Windböe meine schwarze Stoffmütze vom Kopf gerissen und landet direkt im Meer. Schade, aber ein Gutes hat es, denn ich durfte sie wenigstens im kalten Schottland und Island tragen, hoffe in Norwegen ist es wärmer.

Auf der Überfahrt nach Norwegen befürchtete ich wieder diese über 4 Meter Wellen, aber wir hatten viel Glück und das Meer meinte es gut mit uns, denn die Wellen waren nur 1 Meter hoch und somit auf unserem Kreuzfahrtschiff nicht zu spüren. Unser Seetag verläuft bei wechselhaften Wetter, mit viel Regen und wenig Sonne, bei einer maximalen Temperatur von 10 °C. Nachts wird es für 4 Stunden wieder dunkel, weil wir uns Richtung Süden, weg vom Nördlichen Polarkreis, bewegen.

Trotz des unschönen Wetters wird es uns nicht langweilig auf der Aida Sol, weil wir u.a. an den Vorträgen vom Lektor Matthias Palm über Norwegen teilnehmen und da erfahren wir u.a. von diesem Land, dass es alleine in den letzten 5 Jahren unter den ersten 5 Plätzen bei dem „World Happiness Report" zu finden ist. Den Experten der New Yorker Columbia University zufolge hängt das Glücksempfinden der Menschen vor allem von den Faktoren wie Fürsorge, Freiheit, Großzügigkeit, Ehrlichkeit, Gesundheit, Einkommen und guter Regierungsführung ab. Das Problem mit dem Glück ist aber, dass niemand wirklich weiß, was es ganz genau ist und so lauschen wir dem guten Vortrag vom Lektor über Norwegen weiter zu. Unsere nächste Anlegestelle ist ja Norwegen, dass amtlich als Königreich Norwegen bezeichnet wird. Dies ist ein Staat in Nordeuropa auf der Halbinsel Skandinavien, zu dessen Staat gehören neben dem Hauptland die Inselgruppe Spitzbergen sowie die Insel Jan Mayen. In der schönen Hauptstadt Oslo, die auch die bevölkerungsreichste Stadt in Norwegen ist, leben in seiner Kommune über 718 000 Einwohner. Norwegen liegt im Westen der Skandinavischen Halbinsel und grenzt im Osten an Schweden sowie im Nordosten an Finnland und Russland. Norwegen ist eines der flächengrößten Länder Europas, aber mit nur rund 5,6 Millionen Einwohnern sehr dünn besiedelt. Der größte Teil der Bevölkerung lebt im Süden des Landes und somit in der wärmeren Umgebung. Im Mai 1814 erhielt Norwegen seine eigene Verfassung und seine heutige Unabhängigkeit erlangte Norwegen letztendlich bei der Auflösung der Union mit Schweden im Jahr 1905. Norwegens heutige Staats- und Regierungsform ist eine parlamentarische Monarchie. Das Land ist Mitglied der NATO, des Nordischen Rates, der Organisation für wirtschaftliche Zusammenarbeit und Entwicklung (OECD), der Europäischen Freihandelsassoziation (EFTA) und der Vereinten Nationen. Leider ist Norwegen kein Mitglied der Europäischen Union (EU), aber dafür Mitglied des Europäischen Wirtschaftsraumes (EWR). Der Index der menschlichen Entwicklung (HDI) der Vereinten Nationen stuft Norwegen bereits seit vielen Jahren als das weltweit am höchsten entwickelte Land neben der Schweiz ein. Laut dem Demokratieindex der britischen Zeitschrift The Economist ist Norwegen der demokratischste Staat der Welt. Norwegen ist ein reiches Land, sein Bruttoinlandsprodukt pro Kopf ist aktuell das dritthöchste der Welt. Zudem verfügt das Land über eines der großzügigsten Sozialsysteme der Welt. U.a. erfahren wir diese kleine Zusammenfassung auch im guten Vortrag von unserem Lektor Matthias Palm.

Später lauschen wir nochmals der Gastkünstlerin Chantal die uns auch heute, im Theatrium auf Deck 9 bis 11, wieder mit ihrem humorvollen Vortrag, der oft knapp unter der Gürtellinie stattfindet, zum Lachen bringt.

Um 11:30 Uhr legen wir pünktlich im Hafen von Stavanger an und natürlich wie immer 30 Minuten früher als in der AIDA HEUTE Information. Auf dem 58° 58' Nördliche Breite und 5° 44' Östliche Länge liegt Stavanger und es erwartet uns ein Mix aus Sonnenschein und leichter Bewölkung bei maximalen Tageshöchsttemperaturen von 13 °C. In der Nacht müssen wir auf dem Weg zum Eidfjord unsere Uhren wieder eine Stunde zurückstellen.

Die Stadt Stavanger ist eine Kommune im norwegischen Fylke Rogaland und in ihr leben rund 150 000 Einwohner, damit ist sie die viertgrößte Stadt von Norwegen. Das große Stadtgebiet Stavanger erstreckt sich auch über die Kommunen Sandnes, Sola und Randaberg, in denen zusammen rund 235 000 Menschen leben. Die Stadt Stavanger ist der Verwaltungssitz des Fylkes Rogaland und das Zentrum der Erdöl- und Erdgas-industrie von ganz Norwegen, aus diesem Grund kommt der Wohlstand der Stadt und des Landes.

Wir haben den ganzen Nachmittag bis zu Abend Zeit die Stadt zu erkunden, weil wir aber schon zweimal hier waren, laufen wir nur an dem modernen Glasbau vorbei und schauen uns ganz in Ruhe die wunderschöne Altstadt aus dem 18. bis 19. Jahrhundert an und betrachten die vielen kleinen und sehr schönen weißen Holzhäuser in dessen Stadtviertel. Danach laufen wir an den Stadtsee und können erstmals an diesem Tag ein paar Sonnenstrahlen genießen. Natürlich schauen wir uns den Hafen und die wunderschönen denkmalgeschützten bunten Hansehäuser an, die direkt in der ersten Reihe am Wasser stehen und früher Jahrhunderte lang der Hanse als Lagerhäuser dienten. Diese Denkmalgeschützen Gebäuden werden nun überwiegend als Restaurants und Geschäftshäuser genutzt.

Oft sieht man die lustigen Trolle in Norwegen, die menschen-
artigen Fabelwesen der nordischen Mythologie, die die Natur-
kräfte verkörpern. Dargestellt wird der Troll in Norwegen als
sehr großer, manchmal zwergenhafter, hässlicher, fellbedeckter
Humanoid mit großer Nase, nur mit vier Fingern an jeder Hand
und vier Zehen an jedem Fuß. Ursprünglich sind sie immer ein
wenig düster, deren Existenz im Volksglauben noch bis ins 19.
Jahrhundert angenommen wurde und denen man nicht zu
begegnen wünschte. Heutzutage sind die Trolle eher freundlich
und lustig dargestellt, so dass Kinder sich nicht mehr vor ihnen
fürchten müssen.

Nach dem Kauf, der Souvenirs für die daheimgebliebenen, geht
es für uns wieder auf die Aida Sol und wir genießen abermals
das leckere Abendessen.

Stavanger bietet sehr viele Möglichkeiten für seine Besucher,
da gibt es allerlei Ausflüge mit dem Bus oder dem Schiff in die
entferntere Umgebung, oder man konzentriert sich auf die
Stadt selbst und besucht eines der schönen Museen, wie z.B.
das Schifffahrtsmuseum, Norwegische Erdölmuseum oder das
Stavanger-Museum.

Pünktlich um 21 Uhr legt unsere Aida Sol von der Anlegestelle
im Hafen von Stavanger ab und wir steuern Richtung Norden
in den Eidfjord zur gleichnamigen Stadt in Norwegen. Über
Nacht legen wir nur 138 Seemeilen (256 km) zurück und sind
wie immer 30 Minuten früher als in der AIDA HEUTE an der
Anlegestelle in der Stadt Eidfjord, die auf dem 60°
28' Nördliche Breite und 7° 4' Östliche Länge liegt. Diesmal
meint es das Wetter sehr gut mit uns, denn wir haben nicht nur
einen schönen Sonnenaufgang um 4:02 Uhr, sondern auch
einen tollen Sonnenuntergang um 23:05 Uhr, dazu tagsüber
überwiegend sonnig bei maximalen Tageshöchsttemperaturen
von 19 °C. Dies ist klimatechnisch der wärmste und schönste
Tag auf unserer Kreuzfahrt, außerhalb von Deutschland.

In Eidfjord leben nur knapp 1 000 Menschen und auch nur 1 Mensch pro Quadratkilometer, somit ist diese Gegend extrem dünn besiedelt.

Geografisch liegt die Kommune Eidfjord östlich der Großstadt Bergen und wird per Schiff über den großen Hardangerfjords, der am Ende in den Eidfjord mündet, erreicht. Mit dem Auto ist Eidfjord auch sehr gut zu erreichen, denn sie liegt direkt an der Straße Nr. 7, auf dem Weg von Oslo nach Bergen. Durch eine gewaltige Hängebrücke von 1 380 Meter Länge wird der Eidfjord zwischen Bu und Vallavik seit 2013 überspannt, so dass unser Kreuzfahrtschiff gerade noch unter der Brücke durchfahren kann. Dieses beeindruckende Bauwerk ersetzt die ehemalige Fährverbindung zwischen Bruravik und Brimnes. Die Landschaft um den Eidfjord ist spektakulär und gewaltig, denn die massiven Felsen ragen bis auf eine Höhe von 850 Meter über den Fjord und die grünen und fruchtbaren Täler bilden dazu einen wunderschönen Kontrast. Große Teile des Fjells und des Nationalparks Hardangervidda befinden sich auf dem Gebiet der Kommune Eidfjord. Mehrere beeindruckende Wasserfälle befinden sich hier, darunter auch der bekannteste von ganz Norwegen, nämlich der Vøringsfossen. Diese unberührte und wunderschöne Natur wird zu Recht von Eidfjord touristisch vermarktet.

Wer einen ganz besonders schönen Ausblick über den Eidfjord und dies auch noch bequem mit dem Auto erleben möchte, dem sei ein Ausflug auf die Alm Kjeåsen angeraten. Denn dank eines Tunnels ist diese Alm auf 530 m Höhe über den normalen Straßenverkehr gut erreichbar.

Liebhaber von Museen finden ihr Glück u.a. in Hardangervidda im Natur- und Kulturzentrum. Hier wird die Geschichte, Tierwelt, Natur, Geologie und die Menschen die im Nationalpark Hardangervidda leben in einem modernen Museumskonzept anschaulich dargestellt.

Die alte weiße Kirche von Eidfjord wurde im Jahre 1309 errichtet und ihr saalartiges Inneres entspricht dem typischen romanischen Stil seiner Zeit, ebenso wie die Architektur des Gebäudes für nordische Kirchen. Der Innenraum wird nur von wenigen schmalen Fenstern beleuchtet. Das Inventar stammt hauptsächlich aus der Renaissancezeit. Älter sind dagegen der verzierte Lettner, der den Altarraum vom Kirchenschiff trennt, und der Grabstein der Ragna Asolsdatter. Seit dem Bau der Neuen Kirche von Eidfjord im Jahre 1981 wird die Alte Kirche nicht mehr als Pfarrkirche benötigt und nur noch für ganz besondere Anlässe genutzt.

Der größte Arbeitgeber ist das örtliche Wasserkraftwerk, das in einem kleinen Park im Ortszentrum ein riesiges metallenes Wasserschaufelrad und ein paar bronzene Skulpturen ausstellt.

Wir starten bei bestem Wetter, heute sogar ganz ohne Kopfbedeckung unseren Tagesausflug in Eidfjord. Es geht zu Fuß durch die schöne Ortschaft, über eine Brücke, dann rechts und immer parallel dem angelegten Weg entlang dem breiten Fluss, bis wir letztendlich am See herauskommen. Auf der Karte, die wir kostenlos vom Touristenbüro im Hafen erhalten, ist dies die gelbe Route. Am See bekommt man zur Belohnung eine wunderschöne Sicht über das Wasser und die hohen umlaufenden Berge. Was mich besonders beeindruckt ist der flache Sandstrand den wir dort am Ufer vorfinden. Der wunderschöne Weg führt geschlängelt weiter durch den Wald auf eine Anhöhe und dort sind wunderschöne, uralte und sehr gepflegte traditionelle Häuser zu entdecken. Eine Besonderheit sind die sehr großen und dicken Schieferplatten auf den Dächern der einfachen Häuser. Kurz bevor der gelbe Fußweg wieder geschlängelt ins Tal hinab führt, gibt es einen Stichweg der unbedingt bis zum Ende zu laufen ist, denn die Aussicht über das gesamte Tal ist dort fantastisch, zumal man auch noch die Aida Sol an der Anlegestelle so schön sieht. Die Gemeinde Eidfjord hat an allen Aussichtspunkten Metallrahmen mit der Innschrift der Gemeinde aufgestellt und so können Fotografen diese gerne Nutzen. Auf dem zum gelben Hauptweg gehen wir bergab in die Stadt zurück und entdecken auch hier wieder wunderschöne gepflegte und traditionelle Häuser. So manch einer kommt auf die Idee sich hier einmal nieder zu lassen, so beeindruckt sind die Gäste vom Kreuzfahrtschiff. Kurz vor der Aida Sol findet auf einer Wiese mit Grillstelle eine Party für alle Mitarbeiter des Schiffs statt und diese haben mächtig Hunger auf etwas Gegrilltes. Den Crewmitgliedern ist die Freude über die Abwechslung und ein paar wenige Stunden ohne Arbeit in den Gesichtern anzusehen. Wir freuen uns sehr das Aida so etwas für die Mitarbeiter durchführt, denn das haben wir bei anderen Reedereien so noch nicht gesehen.

Am Abend genießen wir auf unserem Kreuzfahrtschiff das leckere Essen und dazu die inkludieren Getränke. Danach bleibe ich an Deck, um ein letztes Mal auf dieser Reise die gewaltigen Felsen und die wunderschöne Fjordlandschaft zu sehen.

Am nächsten Seetag genießen wir noch einmal alle Annehmlichkeiten die uns die Aida Sol bietet und gehen natürlich auf die Abschiedsshow, auf der sich alle Künstler besonders viel Mühe geben.

Nach 539 Seemeilen (997 km) erreichen wir am 23. Juni wieder den Hamburger Hafen und freuen uns sehr darüber, dass wir schon um 8:30 Uhr das Schiff, ganz ohne Wartezeit, verlassen können. Zu Fuß hole ich kurz unser Auto, das tatsächlich unbeschädigt noch auf dem gemieteten Parkplatz steht, nehme Silvia anschließend mit dem Gepäck am Hafen auf und fahre ganz entspannt nach Illingen in Württemberg, in unsere Heimatgemeinde, zurück.

Wir legten insgesamt 3286 Seemeilen (6 086 km) mit der Aida Sol zurück und sind sehr glücklich darüber, dass wir diese wunderschöne und interessante Reise von Hamburg nach Schottland, Island und Norwegen erleben durften, in jedem geplanten Hafen anlegen konnten und keine wirklich schwere See hatten. Dafür möchte ich unserem Kapitän, seine Crew und der Organisation der Reederei Aida nur ganz herzlich gratulieren und danken. Denn es ist nicht selbstverständlich das auf so einer Reise immer alles gut verläuft.

Widmung

Dieses Buch berichtet über eine Kreuzfahrt von Hamburg über Schottland, Island und Norwegen auf dem Schiff Aida Sol von der Reederei Aida.

Es soll dem Leser das erlebte auf dieser Reise näherbringen, ebenso Dinge die auf einer Kreuzfahrt zu beachten sind, vor allem aber von den Ländern, Orten und ganz besonders den fantastischen Ausflügen berichten.

Danken möchte ich all denen die es ermöglicht haben so eine tolle Reise durchzuführen, ein ganz besonderer Dank gebührt unserem Kapitän und seiner Crew, die uns sicher und mit Sachverstand über die Meere und in die Häfen gesteuert haben. Aber auch denjenigen ist unbedingt zu danken, die so viel Spaß und Freude auf dem Schiff vermittelt haben, für tolle Unterhaltung sorgten, uns einen super Service boten, sowie für die fantastisch leckere Küche, die wir täglich genießen durften.

Ein herzliches und liebes Dankeschön an Yvonne, die mich durch ihre Wissbegierde und manche Anmerkung motiviert das Schreiben fortzuführen und zweckdienliche Hinweise einbringt.

Veröffentlichte Bücher von Wolfgang Pade

Schwabentrio auf Weltreise - Motorradreise Südosteuropa - Expedition Südafrika - Expedition Zentralamerika - Afrika Umrundung 1-4, Backpacker Philippinen Indonesien Singapur 1-2 - Rundreise Vietnam - Inselhüpfen in der Karibik – Kreuzfahrt in der Karibik - Flusskreuzfahrt in Russland - Kreuzfahrt Hamburg Spitzbergen - Backpacker Malaysia Kuala Lumpur - Backpacker Sri Lanka - Kreta während Covid 19 - Freiheit Motorrad Kroatien - Porto im Winter während Covid 19 - Landschildkröten Griechisch und Vierzehen - Motorradreise Peloponnes - Kreuzfahrt Jordanien Seychellen Mauritius La Réunion Südafrika - Segeln in Kroatien Pula bis Trogir - Motorradreise Südosteuropa - Rundreise Japan Tokyo bis Miyajima - Weltreise Schöner blauer Planet - Motorradreise zur südlichsten Stadt Europas - Motorradreise Italien bis Malta - Motorradreise zur Türkischen Riviera - Motorradreise zur Insel Zypern - Motorradreise zur Insel Rhodos - Motorradreise Sardinien - Motorradreise Sardinien in englisch - Kreuzfahrt Karibik und Mittelamerika - Rundreise Namibia Botswana Simbabwe - Pilgerweg Porto Santiago de Compostela bis ans Ende der Welt - Kreuzfahrt Schottland Island Norwegen - Pilgerweg Porto Lissabon - Kreuzfahrt Von Kiel in die Karibik